100% DELF scolaire et junior A1

Livre de l'élève

100% DELF scolaire et junior A1

Livre de l'élève

von
Martina Angele
Gabrielle Bosse
Marie Cravageot
Laure Soccard

Ernst Klett Sprachen
Stuttgart

1. Auflage 1 5 4 3 2 1 | 2019 18 17 16 15

Internetadresse: www.klett-sprachen.de

Redaktion: Sylvie Cloeren
Layoutkonzeption: Elmar Feuerbach
Gestaltung und Satz: Eva Mokhlis, Swabianmedia, Stuttgart
Umschlaggestaltung: Elmar Feuerbach
Druck und Bindung: AZ Druck und Datentechnik GmbH, Heisinger Straße 16, 87437 Kempten/Allgäu

Printed in Germany

978-3-12-529374-8

9 783125 293748

Inhaltsverzeichnis

Einleitung

Das Übungsbuch 100% DELF enthält 10 vollständige DELF-Prüfungen und deckt alle Themenbereiche des DELF ab. Es bietet verschiedene Übungsmöglichkeiten:

- ✓ Du kannst jeweils eine **DELF-Prüfung komplett** bearbeiten. Dies ist zum Beispiel interessant, um zu sehen, wie viele Punkte du insgesamt erreichen würdest oder wie viel Zeit du für die Bearbeitung brauchst.
- ✓ Du kannst **thematisch arbeiten** und überprüfen, ob dein Wortschatz schon zur Bearbeitung des jeweiligen Themas ausreicht.
- ✓ Du kannst **nach Kompetenzen üben** und dabei gezielt die Kompetenzen trainieren, bei denen du dich noch nicht sicher fühlst, zum Beispiel das Hörverstehen oder das Verfassen von Texten.

Der komplette **Hörtext** ist **kostenlos online** verfügbar. Du kannst den **QR-Code einscannen** oder den Klett Online-Link **f6pq2x** in das Suchfeld auf *www.klett-sprachen.de* eingeben. Der Text ist online, auf MP3-Player und von Audio-CD abspielbar. Die MP-3-Dateien dürfen für den persönlichen Gebrauch konvertiert und auf Audio-CD gebrannt werden.

Üben einer vollständigen DELF-Prüfung

Üben nach Themen

1. Thema « Angaben zur Person »

2. Thema « Menschliche Beziehungen: Familie, Freunde und Gruppen »

3. Thema « Der Mensch und sein Körper »

4. Thema « Sinne, Gefühle und Charakter »

5. Thema « Freizeit, Hobbies, Kultur und Sport »

6. Thema « Wohnen und Haushalt »

7. Thema « Essen und Trinken »

8. Thema « Geschäfte und Einkaufen »

9. Thema « Schule und Bildung »

10. Thema « Verkehrsmittel, Ferien und Verreisen »

11. Thema « Im Hotel und im Restaurant »

12. Thema « Öffentliche und private Dienstleistungen : Post, Telekommunikation und anderes »

13. Thema « Medien und Nachrichten »

14. Thema « Denken und Wissen »

Üben nach Kompetenzen

Einleitung

1. Welche Kenntnisse brauche ich? 

Du hast dich zur DELF-Prüfung A1 angemeldet und möchtest dich nun effektiv vorbereiten.

Wahrscheinlich beschäftigt dich besonders die Frage, was du können musst, um die Prüfung zu bestehen.

Im Zentrum der DELF-Prüfungen steht deine Fähigkeit, in einigen einfachen Situationen wie sie dir zum Beispiel in den Ferien oder bei einem Schüleraustausch begegnen können, auf Französisch zurecht zu kommen und zu kommunizieren. Hier kannst du zeigen, dass es dir schon gelingt, einige typische Alltagssituationen in Frankreich zu meistern.

Anders als bei Klassenarbeiten enthält die DELF-Prüfung keine Aufgaben zur Überprüfung von Grammatikkenntnissen. Für eine gelungene Kommunikation spielen gute Vokabelkenntnisse eine besonders wichtige Rolle. Natürlich ist dein Wortschatz zurzeit noch begrenzt und niemand erwartet von dir, dass du schon « alles » verstehst. Im Gegenteil, bei der DELF-Prüfung geht es darum, zu zeigen, dass du dich zum Beispiel beim Hören und Lesen nicht von unbekannten Wörtern aus der Fassung bringen lässt, sondern in der Lage bist, trotz vieler fremder Wörter einige Aussagen bereits zu verstehen.

Dazu sind solide Kenntnisse von grundlegenden Wörtern und Wendungen zu den typischen DELF-Themen für die A1-Prüfung überaus nützlich.

Zur Vorbereitung und Wiederholung empfiehlt sich die Zusammenstellung eines Themenvokabulars. Hilfreich und zeitsparend kann dabei ein Wörterbuch sein, in dem die Vokabeln bereits thematisch geordnet sind, wie zum Beispiel im *Thematischen Schulwortschatz Französisch A1-B2*[1]. Hier findest du Vokabelangebote zu allen Themen, die für die DELF-Prüfungen wichtig sind und du kannst dir ein einfaches Grundvokabular zu wichtigen Situationen zusammenstellen. Du erhältst Tipps, wie du typische Fehler vermeiden kannst, und Vorschläge für Standardformulierungen in typischen Situationen wie *Sich vorstellen* oder *Einkaufen*.

[1] Bosse, Gabrielle (2012): *Thematischer Schulwortschatz Französisch A1-B2*, Stuttgart, Klett.

Die folgende Aufstellung gibt dir einen Überblick über die wichtigsten Situationen und Themenfelder, die du auf dem Niveau A1 in sehr einfacher Form sprachlich schon bewältigen kannst. Du wirst feststellen, dass dir diese Themen bereits aus deinem Französischunterricht vertraut sind.

Checkliste zu wichtigen Themenfeldern und sprachlichem Handeln DELF A1:

*Ich kann **in sehr einfacher Form** über folgende Themenfelder sprechen und Informationen dazu verstehen:*

Themenfelder

- ❒ Familie und Freunde
- ❒ Wohnen
- ❒ Natur und Tiere
- ❒ Wetter
- ❒ Tourismus: Ferien und Verreisen
- ❒ Verkehr und Verkehrsmittel
- ❒ Medien (Fernsehen, Film, Internet…)
- ❒ Körper und Gesundheit
- ❒ Kleidung
- ❒ Einkaufen und Geschäfte
- ❒ Mahlzeiten, Essen und Trinken, Rezepte
- ❒ Schule (Fächer, Stundenplan, Schulformen)
- ❒ (M)eine Stadt
- ❒ Feiern und Feste
- ❒ Freizeit, Sport, Musik und Kultur

Ich kann in einfacher Form

- ❒ Begrüßen und verabschieden
- ❒ Höflichkeitsformeln benutzen
- ❒ Bitten und danken
- ❒ Gruß- und Abschiedsformeln in persönlichen Briefen verwenden
- ❒ Das Datum, Wochentage, Monate und Jahreszeiten angeben
- ❒ Angaben zur Person machen/ mich vorstellen (Name, Geburtsort- und Datum, Adresse, Staatsangehörigkeit)
- ❒ Auf Französisch buchstabieren
- ❒ Über meine Freizeit und Hobbies reden
- ❒ Vorlieben und Abneigungen ausdrücken (*aimer, détester, préférer*…)
- ❒ Etwas bewerten (*bien, intéressant, nul*…)
- ❒ Fragen stellen
- ❒ Einladungen aussprechen, annehmen und ablehnen
- ❒ Mich verabreden
- ❒ Zeitangaben machen (z.B. gestern, morgen, nächste Woche, spät, donnerstags…)
- ❒ Die Uhrzeit angeben
- ❒ Ortsangaben machen *(dans, sur, sous, de, à…)*
- ❒ Zahlen verstehen und ausdrücken
- ❒ Ein Einkaufsgespräch führen (Lebensmittel und Shoppen)
- ❒ Im Restaurant bestellen
- ❒ Ein Telefongespräch und eine Nachricht auf dem Anrufbeantworter verstehen
- ❒ Personen beschreiben (Aussehen und Eigenschaften)
- ❒ Einen Weg beschreiben oder eine Wegbeschreibung verstehen
- ❒ In sehr einfacher Form über Pläne sprechen
- ❒ Etwas beschreiben (Größe, Entfernung *(loin, près)*, Geschwindigkeit *(vite)*, Gewicht *(lourd, léger, peser)*, Temperatur, Farbe, Alter *(âgé, jeune)*
- ❒ Ereignisse zeitlich strukturieren (*d'abord, ensuite, enfin*…)

- ❒ Übungsanweisungen verstehen (Häufig sollst du eine Ortsangabe verstehen oder wann etwas stattfindet. Lerne gut: *le lieu – der Ort und avoir lieu – stattfinden!*)

2. Wie läuft die Prüfung ab?

Bei einer Begegnung mit Frankreich wirst du in Situationen geraten, bei denen du gesprochene oder geschriebene Informationen verstehen willst und in denen du selber sprichst oder schreibst.

Diese vier Grundsituationen ***Hören, Lesen, Schreiben*** *und* ***Sprechen*** bilden den Rahmen der DELF-Prüfung.

Die Prüfung umfasst einen schriftlichen und einen mündlichen Prüfungsteil.

Die schriftliche Prüfung A1

Dauer insgesamt : 1 Stunde 20 Minuten

Alle Aufgabenstellungen werden nur auf Französisch angegeben. Bitte überprüfe, ob du das Vokabular zum Verstehen von Arbeitsanweisungen gut beherrschst! (siehe *Thematischer Schulwortschatz Französisch A1-B2, Kap.12.6)*

Die schriftliche Prüfung besteht aus drei Prüfungsteilen:

1. Compréhension de l'oral – Hörverstehen

Du hörst 3 bis 4 kurze Tondokumente zu verschiedenen Situationen des Alltags, zum Beispiel eine Nachricht auf einem Anrufbeantworter, ein kurzes Interview oder eine einfache Durchsage (siehe Themenliste S. 5–8). Alle Hörtexte zusammen dauern höchstens 3 Minuten. Jedes Tondokument kannst du zweimal hören. Bei den Aufgaben handelt es sich z.B. um Multiple-Choice-Aufgaben, Richtig/Falsch-Aufgaben oder Kurzantworten.

Für jedes Hördokument gilt folgender Ablauf:
Zuerst hast du 30 Sekunden Zeit, um die Aufgabenstellung zu lesen.
Danach hörst du das Tondokument.
Es folgt eine Pause von 30 Sekunden, um mit der Bearbeitung der Aufgaben zu beginnen.
Nun hörst du das Dokument ein zweites Mal.
Du hast jetzt 30 Sekunden Zeit, um Ergänzungen vorzunehmen.
Darauf folgt die nächste Höraufgabe.

Dieser Prüfungsteil dauert insgesamt etwa 20 Minuten.
Anschließend kannst du die weiteren Aufgaben nach deinem Rhythmus bearbeiten.
Rechne dabei für das Textverstehen etwa 30 Minuten, für die Schreibaufgaben ebenfalls etwa 30 Minuten.

2. Compréhension des écrits – Textverstehen

In diesem Teil bearbeitest du vier oder fünf kurze schriftlichen Dokumente zu Situationen des Alltags, zum Beispiel eine Annonce im Internet, eine E-Mail, einen Stundenplan, ein Kinoplakat, einen kurzen Artikel in einer Jugendzeitschrift etc.

Bei den Antworten handelt es sich z.B. um Multiple-Choice-Aufgaben, Richtig/Falsch-Aufgaben, Zuordnungsaufgaben, Ergänzen von Tabellen, Erstellen von richtigen Reihenfolgen und Kurzantworten.

3. Production écrite – Textproduktion

Dieser Teil umfasst **zwei** Aufgaben:

- Bei der **ersten Schreibaufgabe** handelt es sich immer um das Ausfüllen eines Formulars. Hier sollst du zeigen, dass du bereits alle nötigen Angaben zu deiner Person machen kannst, zum Beispiel um dich bei einem Sportclub oder einer Jugendherberge anzumelden.
- Bei der **zweiten Schreibaufgabe** geht es darum, einen kurzen Text (etwa 40-50 Wörter) zu einem gängigen Alltagsthema zu verfassen, zum Beispiel eine Postkarte, eine E-Mail, eine kurze Nachricht oder eine einfache Beschreibung (beispielsweise beschreibst du kurz deine Schule, deine Stadt oder einen Urlaubsort).

Die mündliche Prüfung A1

Dauer: insgesamt 5 bis 7 Minuten
Vorbereitungszeit: 10 Minuten

Die mündliche Prüfung wird von Franzosen oder Französinnen abgehalten, es handelt es sich also um eine echte Kommunikation auf Französisch.
Für die Aufgabenbearbeitung bekommst du nach der Auswahl der Themen insgesamt 10 Minuten Vorbereitungszeit.
Die Prüfung umfasst drei kurze Teile.

Production orale

Aufgabenart	Dauer	Worum geht es?
Entretien dirigé / Gelenkte Unterhaltung	1–2 Min	Hier geht es um dich und dein Umfeld vor (z. B. Alter, Wohnort, Familie, Freunde, Hobbies, deine Stadt, deine Schule …). Du stellst dich vor und der Prüfer stellt dazu passende Fragen.
Échange d'informations / Austausch von Informationen	2 Min	Hier geht es darum, zu zeigen, dass du Informationen erfragen kannst. Du stellst der Prüferin oder dem Prüfer Fragen zu einem einfachen Thema (z. B. Freizeit, Kleidung, Essen). Dazu bekommst du Themenkarten mit Schlüsselwörtern, z.B. *cinéma*? oder *dessert*? Du kannst einige Themen auswählen.
Dialogue simulé / Rollenspiel	2 Min	In diesem Teil spielst du mit dem Prüfer oder der Prüferin ein Rollenspiel zu einer gängigen Alltagssituation (z. B. etwas einkaufen, etwas bestellen, etwas reservieren, eine Einladung annehmen oder ablehnen …). Hier darfst du von zwei gezogenen Situationen eine auswählen.

3. Wie viele Punkte brauche ich?

Maximal 25 Punkte erhältst du für jede der vier Grundkompetenzen.
Maximal 100 Punkte kannst du also für die gesamte Prüfung erlangen.
50 Punkte brauchst du zum Bestehen der Prüfung, also genau die Hälfte der maximalen Punktzahl.

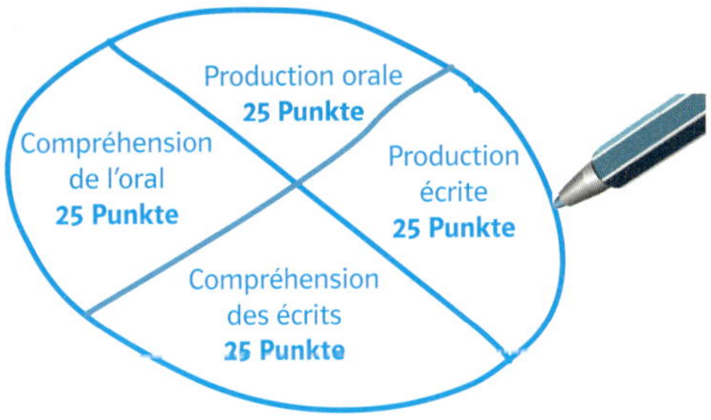

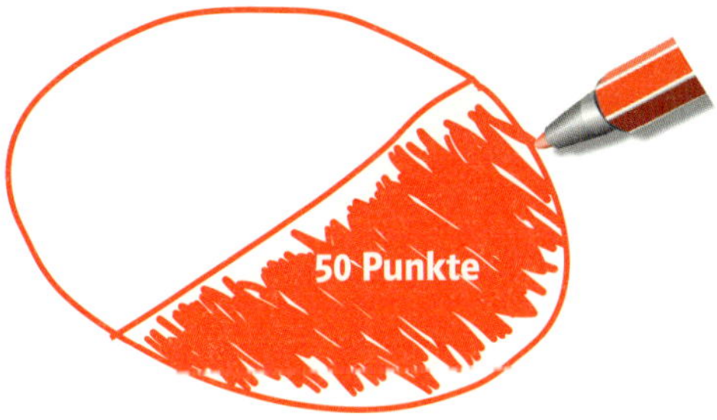

Das Verfassen von Texten ist deine schwache Seite? Kein Problem, du kannst fehlende Punkte bei einer der Teilkompetenzen durch eine überdurchschnittliche Punktzahl in einem anderen Teilbereich wieder ausgleichen, Hauptsache du kommst insgesamt auf 50 Punkte.

5 Punkte sind die absolute Mindestpunktzahl, das heißt in keinem Prüfungsteil darfst du weniger als 5 Punkte erlangen! Sonst gilt **die ganze Prüfung** als nicht bestanden!

Dahinter steht die Idee, dass zu einer gelungenen Kommunikation Grundfähigkeiten in jedem der vier Teilbereiche vorhanden sein müssen. Wie soll man sich auch mit jemandem unterhalten ohne einen einzigen Satz seines Gesprächspartners zu verstehen?

Die Übungen, die du in diesem Heft findest, entsprechen in ihrem Aufbau genau den Aufgaben in den **Original-DELF-Prüfungen**. Sie werden dir helfen, deine Stärken und Schwächen genauer einzuschätzen sowie Sicherheit im Umgang mit den Prüfungsaufgaben zu gewinnen.

Wenn du weißt, was auf dich zukommt, wirst du stressfrei in die Prüfung gehen können. Vielleicht wirst du sogar überrascht sein, wie viel du schon kannst!

Schriftlicher Prüfungsteil

Für jede Frage gibt es eine Antwort!

Der Schlüssel zum Erfolg: den Arbeitsauftrag bei der Bearbeitung der Aufgabe genau beachten!

1 Ich habe Angst vor dem Hörverständnis, das ist der schwierigste Teil für mich. Wie kann ich meine Angst überwinden? Was kann ich dagegen tun?

Denke vor allem daran, dass du nicht alles verstehen musst. Es geht vielmehr darum, grob den Sinn des Hördokumentes zu erfassen und einige wesentliche Informationen zu verstehen. Hier ein Trick: Lies dir vor dem Hören die Fragen ganz aufmerksam durch, du hast genügend Zeit dafür. Überlege, welche Art der Information erfragt wird: ein Wochentag? Eine Zahl? Eine Person? Beim Hören kannst dich dann gezielt darauf konzentrieren. Du kannst auch wichtige Elemente oder Schlüsselbegriffe, die für das Verständnis wichtig sind, unterstreichen, z.B. die Namen der Personen, die sprechen, den Ort des Geschehens, die Zeit, etc.

2 Muss ich alle Übungen in der vorgegebenen Reihenfolge erledigen?

Beim Hörverstehen ja! Aber beim Rest nein! Du kannst z.B. mit der Aufgabe 3 des Leseverstehens beginnen. Aber Vorsicht! Verliere keine Zeit beim Auswählen der Aufgaben!

3 Bei einer multiple-choice-Aufgabe weiß ich nicht, welche Antwort ich von drei vorgegebenen ankreuzen soll. Soll ich alle Kästchen leer lassen?

Nein! Kreuze ein Kästchen nach dem Zufallsprinzip an! Damit hast du zumindest durch das Zufallsprinzip die Möglichkeit, einen Punkt zu erlangen. Mit etwas Glück triffst du vielleicht die richtige Antwort! Bei Nichtankreuzen verschenkst du diese Chance. Beachte aber genau die Anzahl der Kästchen, die angekreuzt werden sollen, du darfst nicht einfach alles ankreuzen!

4 Was passiert, wenn ich keine Zeit habe, ganze Antwortsätze beim Hörverstehen oder Leseverstehen zu schreiben?

KEIN PROBLEM! Du musst keine ganzen Sätze schreiben. Es genügen Stichwörter oder einzelne Wörter. Z.B.: /Quel jour Paul va à la piscine ? – Jeudi. / Du musst nicht schreiben: Paul va à la piscine jeudi.

5 Ich habe Angst, dass ich nicht weiß, wie das, was ich bei den Hördokumenten verstehe, geschrieben wird. Verliere ich dadurch viele Punkte?

Nein, überhaupt nicht! Beim Hör- und Leseverstehen wird die Rechtschreibung nicht gewertet. Der Korrektor schaut lediglich, ob du die gesuchten Informationen vom Klang her richtig verstanden hast und ob das Wort, das du geschrieben hast, ähnlich ausgesprochen würde. Grammatik- oder Rechtschreibkenntnisse werden an anderer Stelle, nämlich bei der Textproduktion und bei der mündlichen Sprachproduktion bewertet.

6 Was passiert, wenn ich zu viel oder zu wenig Wörter in einem Text schreibe?

Vorsicht, hier kannst du Punkte verlieren! Allerdings gibt es einen Toleranzrahmen von 10%. D. h. wenn die Aufgabenstellung 60-80 Wörter von dir verlangt, darf dein Text zwischen 53 und 87 Wörtern umfassen.

7 Sehen E-Mails genauso aus wie in Deutschland?

Ja, es gibt keinen Unterschied. Denke daran, am Anfang und Ende eine passende Anrede und Schlussformel zu benutzen, sonst verschenkst du Punkte. Vergiss auch deine Unterschrift nicht!

8 Muss bei den VRAI/FAUX Fragen immer eine Begründung geschrieben werden?

Ja, unbedingt!!! Ohne Begründung erhältst du keinen Punkt, auch wenn du das richtige Kästchen (vrai ou faux) angekreuzt hast. Für die entsprechende Begründung muss immer aus dem Text zitiert werden. Verliere keine Zeit mit Umformulierungen.

9 Bei der Textproduktion gibt es oft Bilder unter der Anweisung der ersten Übung. Muss ich sie in meinem Text berücksichtigen?

Nein, gar nicht! Diese Bilder dienen als Hilfestellung für Ideen und zum Verständnis des Themas, über das du schreiben sollst. Wenn du also andere Ideen hast und kein Bild benutzt, ist das kein Problem. Nur der Arbeitsauftrag muss bei der Bearbeitung der Aufgabe genau beachtet werden!

Mündlicher Prüfungsteil

Für jede Frage gibt es eine Antwort!

1 Was mache ich, wenn ich eine Frage des Prüfers nicht verstehe?

Du kannst den Prüfer so oft bitten, die gestellte Frage zu wiederholen, wie du willst, dafür gibt es keinen Punktabzug. Du kannst ihn auch bitten, die Frage umzuformulieren. Übe dafür die entsprechenden französischen Standard-sätze und denke an die Höflichkeit!

Pardon, mais je ne comprends pas ce mot. Qu'est-ce que vous voulez dire?

2 Ich finde das gesuchte Wort nicht. Darf ich es auf Deutsch sagen?

Nein! Dein Prüfer versteht vielleicht kein Deutsch! Nimm dir Zeit und suche in Ruhe nach einem geeigneten Wort. Wenn es dir nicht einfällt, dann suche nach einem Wort mit ähnlicher Bedeutung oder umschreibe das entsprechende Wort. Wenn du das machst, sieht der Prüfer, dass du dich anstrengst und wird dir helfen. Dies wirkt sich auf alle Fälle positiv in deiner Prüfung aus!

- Ah, je ne sais plus… C'est le contraire de petit….
- Grand ?
- Oui, c'est ça, grand !

3 Darf ich während der Prüfung auf mein Konzeptblatt aus der Vorbereitungszeit schauen?

Ja klar! Aber Vorsicht! Lies nicht nur vor, was du geschrieben hast, denn es handelt sich um eine Prüfung zu deiner mündlichen Ausdrucksfähigkeit. Es macht keinen guten Eindruck, wenn du nur vorliest.

4 Muss ich den Prüfer duzen oder siezen?

Da du den Prüfer nicht kennst, musst du ihn siezen und bei der Begrüßung z.B. Höflichkeitsformeln verwenden. Aber Vorsicht! Während des Rollenspiels kann es sein, dass der Prüfer die Rolle deines Freundes oder eines nahen Verwandten einnimmt, dann musst auch du dich an diese Situation anpassen und darfst folglich den Prüfer duzen!
Bonjour Madame. / Bonjour Monsieur. / Bonne journée Madame. /Au revoir Monsieur.

5 Muss ich immer bei der Wahrheit bleiben, zum z.B. beim Monologteil der mündlichen Prüfung?

Nein, das ist nicht wichtig! Da es sich um eine Sprachprüfung handelt, möchte man deine Ausdrucksfähigkeit überprüfen. Du kannst alles Mögliche erfinden, Hauptsache du sprichst!!

6 Muss ich beim entretien dirigé (gelenktes Gespräch) nur von mir sprechen?

Ja, im ersten Teil musst du dich vorstellen. Darauf kannst du dich sehr gut vorbereiten! Du kannst vor der Prüfung alles regelmäßig üben, am besten sprichst du dabei laut. Dieser Prüfungsteil dauert etwa 1 Minute 30.

7 Muss ich für das Rollenspiel Kleingeld mitbringen?

Nein, die Prüfer haben Spielgeld, um die Szenen zu spielen.
Achtung: Bei größeren Summen muss manchmal mit einer „Geldkarte" bezahlt werden und du sollst den Betrag eintippen (taper oder écrire), um festzustellen, ob du die Summe verstanden hast.
Wenn mit einem Geldschein bezahlt wird, kann der Prüfer auch nachfragen, wie viel Geld der Kunde zurück bekommt.

8 Kann mein Verhalten die Benotung des Prüfers beeinflussen?

Ja, auf alle Fälle!! Ein lächelnder und korrekt gekleideter Prüfling, der auch höflich und motiviert an die Prüfung herangeht, macht einen besseren Eindruck und vergrößert seine Chancen! Denkt daran, laut zu sprechen, seid locker und entspannt und alles wird perfekt laufen!

Bon courage et bonne chance !

1 Compréhension de l'oral

25 points

Répondez aux questions en cochant (☒) la bonne réponse ou écrivez l'information demandée.

EXERCICE 1

4 points

Vous allez entendre 2 fois un document. Vous aurez 30 secondes de pause entre les 2 écoutes puis 30 secondes pour vérifier vos réponses. Lisez d'abord les questions.

Marianne parle à sa mère.

1 Où se passe la scène ? *1 point*

☐

☐

☐

2 La jeune fille a mal où ? *(2 réponses)* *2 points*

☐

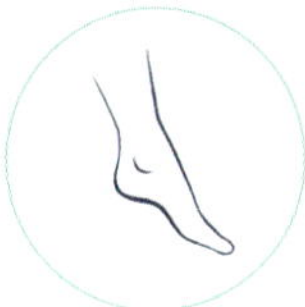
☐

☐

☐

☐

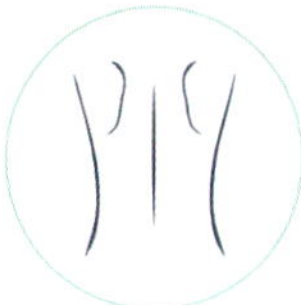
☐

3 La jeune fille veut rester… *1 point*

- ☐ au lit.
- ☐ sur la chaise.
- ☐ sur le canapé.

EXERCICE 2

5 points

Vous allez entendre 2 fois un document. Vous aurez 30 secondes de pause entre les 2 écoutes puis 30 secondes pour vérifier vos réponses. Lisez d'abord les questions.

Message répondeur

1 Laure parle de sa nouvelle… *2 points*

- ☐ copine.
- ☐ voisine.
- ☐ cousine.

2 Laure propose d'aller… *1 point*

❑ ❑ ❑

3 Quel jour Laure veut sortir ? *2 points*

……………………………………………………………………………………………………

EXERCICE 3 — 6 points

Vous allez entendre 2 fois un document. Vous aurez 30 secondes de pause entre les 2 écoutes puis 30 secondes pour vérifier vos réponses. Lisez d'abord les questions.

Les jeunes.

1 Ces personnes parlent de leur… *1 point*

- ❑ loisir.
- ❑ métier.
- ❑ famille.

2 Julia vit… *2 points*

- ❑ dans un internat.
- ❑ dans une maison.
- ❑ dans un appartement.

3 Le père d'Alex travaille… *1 point*

- ❑ à Paris.
- ❑ à Bonn.
- ❑ à Rome.

4 Christine a un animal à la maison. C'est… *2 points*

……………………………………………………………………………………………………

EXERCICE 4

10 points

Vous allez entendre plusieurs petits dialogues correspondant à des situations différentes. Vous aurez 15 secondes de pause après chaque dialogue. Puis, vous entendrez à nouveau les dialogues et pourrez compléter vos réponses. Regardez d'abord les images.

Associez chaque situation à une image. Attention, il y a 5 dialogues et 6 images.

Image A

Situation n° ....

Image B

Situation n° ....

Image C

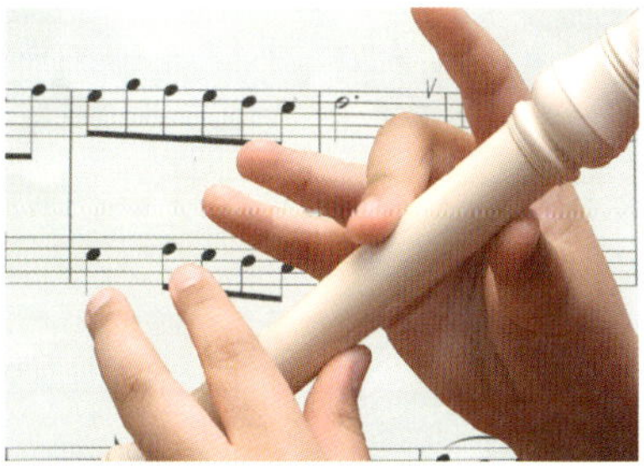

Situation n° ....

Image D

Situation n° ....

Image E

Situation n° ....

Image F

Situation n° ....

2 Compréhension des écrits

25 point

EXERCICE 1

6 points

Vous lisez cette affiche.

> À l'attention des élèves de la sixième A
> Chers élèves,
>
> Voici quelques informations sur la fête avec les Allemands vendredi après-midi :
>
> • Rendez-vous à 14 h 00 à la cantine.
> • Apportez une salade, une quiche, une pizza, un dessert.
> • Tous les élèves apportent une boisson (eau, jus de fruits...).
> • La fête se termine à 21 h 00.
> • N'oubliez pas d'apporter de la musique !

Répondez aux questions.

1. Les élèves ont rendez-vous… *2 point*

- ❑ à la cantine.
- ❑ au gymnase.
- ❑ dans la salle de classe.

2. Les élèves doivent apporter… *(2 réponses)* *2 points*

- ❑ des verres.
- ❑ de l'argent.
- ❑ des assiettes.
- ❑ des boissons.
- ❑ de la musique.

3. À quelle heure les élèves ont rendez-vous ? *2 points*

....

EXERCICE 2

6 points

Lisez ce document.

Chaque année, il y a en France plus de 3000 accidents de voitures par an.
Pourquoi ? Parce qu'on boit trop d'alcool, on roule trop vite ou on téléphone en voiture…
Vous voyez un accident ? Appelez la police ou les pompiers.

Répondez aux questions.

1. Ce document parle des accidents… *2 points*
   - ❑ de bus.
   - ❑ de motos.
   - ❑ de voitures.

2. Il y a combien d'accidents en France chaque année ? *2 points*

   ……………………………………………………………………………………

3. Vous voyez un accident, vous appelez qui ? *(2 réponses)* *2 points*
   - ❑ La police.
   - ❑ Le médecin.
   - ❑ Les pompiers.

EXERCICE 3

6 points

Elsa regarde le programme de RADIO SOMMIÈRES, un programme à la radio pour les jeunes.
Répondez aux questions.

Programme à la radio

lundi	mardi	mercredi	jeudi	vendredi	samedi
15h – 16h	17h – 17h15	14h – 16h	15h – 15h30	18h – 18h15	13h – 14h30
les informations de la semaine et la météo	le nouveau programme du cinéma	livres et magazines : quoi lire et discuter des auteurs	les top 10 des jeux vidéos	le programme pour le week-end : activités et sports	Programme sur la nature et les animaux

Complétez le tableau :

	Jour	Programme
Elsa s'intéresse à la littérature.		
Julien a envie de voir un film.		
Lilly veut jouer sur l'ordinateur.		

EXERCICE 4

7 points

Lisez ce message.

Salut !
Tu vas bien ? Je suis en vacances chez mon cousin Paul en Italie. Il fait beau ! Ma chambre est super grande avec un grand lit, une télé, un ordinateur et une salle de bain pour moi tout seul ! Le luxe !
Je rentre samedi, je te téléphone dimanche.

À bientôt,

Julien

Max Müller
Schulstr. 4
70230 Stuttgart

Répondez aux questions.

1. Julien est en vacances chez… *2 points*

   - ☐ son oncle.
   - ☐ son cousin.
   - ☐ son copain.

2. Dans la chambre de Julien, il y a… *1 point*

☐

☐

☐

3. Quel temps il fait en Italie ? *(2 réponses)* *2 points*

☐

☐

☐

☐

4. Julien rentre quel jour ? *2 points*

……

3 Production écrite

25 points

EXERCICE 1

10 points

1 point par réponse

Vous êtes en vacances à Paris pour un mois. Vous achetez une carte de transport et devez remplir cette fiche d'information :

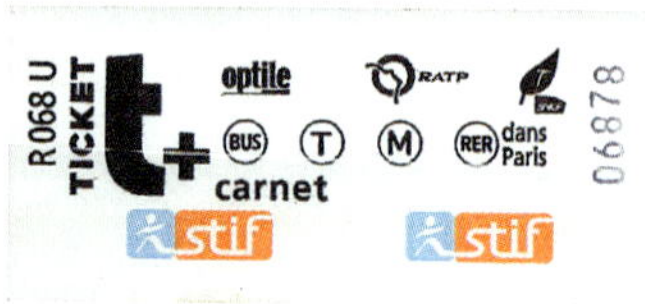

Abonnement

Nom : XXXX

Prénom : ....

Date de naissance : ....

Lieu de naissance : ....

Adresse : ....

Ville : ....

Numéro de téléphone : ....

Courriel : ....@....................

École: ....

Premier jour de votre abonnement : ....

Dernier jour de votre abonnement : ....

EXERCICE 2

15 points

Vous écrivez un mail de réservation à un camping en France. Vous décrivez le nombre de personnes, la date d'arrivée et de départ, vous demandez des informations sur les activités.

40 à 50 mots

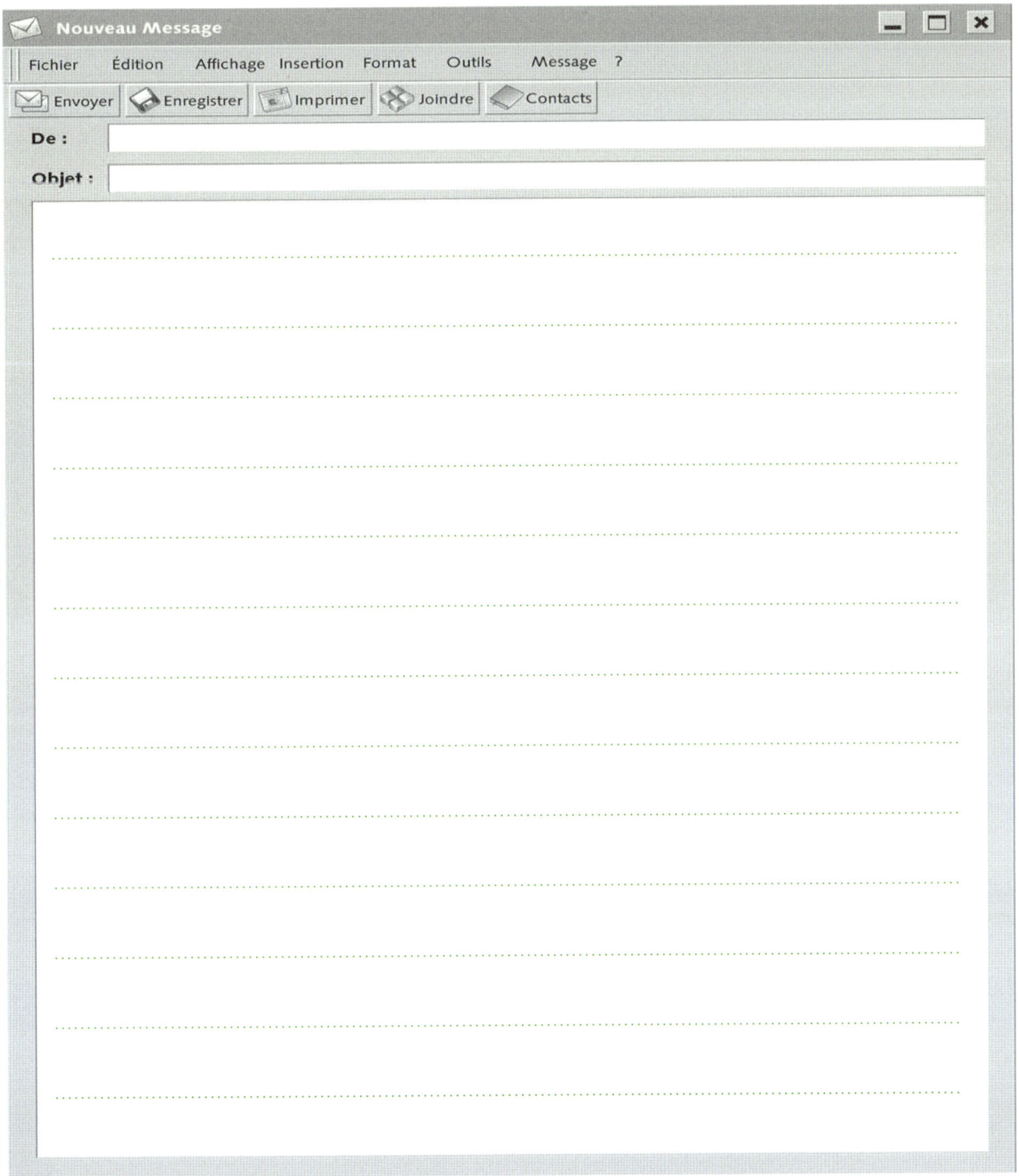

4 Production orale

25 points

L'épreuve se déroule en trois parties : un entretien dirigé, un échange d'informations et un dialogue simulé (ou jeu de rôle).
Elle dure de 5 à 7 minutes.

Vous disposez de 10 minutes de préparation pour les parties 2 et 3 (échange d'informations et dialogue simulé).

1 ENTRETIEN DIRIGÉ – *1 minute environ*

Vous répondez aux questions de l'examinateur sur vous, votre famille, vos goûts ou vos activités (exemples : « Comment vous vous appelez ? », « Quelle est votre nationalité ? »…).

2 ÉCHANGE D'INFORMATIONS – AVEC PRÉPARATION – *2 minutes environ*

L'examinateur vous donne 5 ou 6 cartes. Vous posez des questions à l'examinateur avec les mots écrits sur les cartes.

Soupe ?	Manger ?	Viande ?	Baguette ?
Faire la cuisine ?	Gâteau ?	Eau ?	Salade ?
Boire ?	Fromage ?	Thé ?	Fruit ?

3 DIALOGUE SIMULÉ OU JEU DE RÔLE – AVEC PRÉPARATION – *2 minutes environ*

Vous tirez au sort 2 sujets et vous en choisissez 1.

Sujet 1 : À la poste

Vous êtes en France au bureau de poste. Vous êtes le/la client(e).
Vous vous informez sur le prix des produits que vous voulez acheter.
Vous demandez les quantités souhaitées. Pour payer, vous disposez de photos de pièces de monnaie et de billets.

Vous montrez que vous êtes capable de saluer et d'utiliser des formules de politesse.

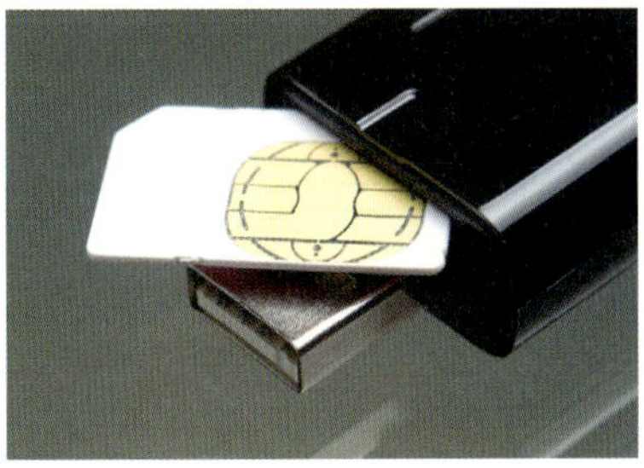

Sujet 2 : À la pharmacie

Vous êtes dans une pharmacie à Cannes. Vous êtes le/la client(e).
Vous vous informez sur le prix des produits que vous voulez acheter.
Vous demandez les quantités souhaitées. Pour payer, vous disposez de photos de pièces de monnaie et de billets.

Vous montrez que vous êtes capable de saluer et d'utiliser des formules de politesse.

1 Compréhension de l'oral

25 points

Répondez aux questions en cochant (☒) la bonne réponse ou écrivez l'information demandée.

EXERCICE 1

4 points

Vous allez entendre 2 fois un document. Vous aurez 30 secondes de pause entre les 2 écoutes puis 30 secondes pour vérifier vos réponses. Lisez d'abord les questions.

1. Où se passe la scène ? *0,5 point*

☐

☐

☐

2. Avec combien d'élèves parle le journaliste ? Complétez. *0,5 point*

.... élèves.

3. Quels sont les loisirs des élèves ? *(3 réponses)* *3 points*

☐

☐

☐

☐

☐

☐

EXERCICE 2

5 points

Vous allez entendre 2 fois un document. Vous aurez 30 secondes de pause entre les 2 écoutes puis 30 secondes pour vérifier vos réponses. Lisez d'abord les questions.

1 Cette scène se passe… *2 points*

- ☐ à l'école.
- ☐ à l'hôpital.
- ☐ au téléphone.

2 Quel est le problème de Marc ? *1 point*

☐

☐

☐

3 Complétez le numéro de téléphone d'Éric. *2 points*

06 .... 89 89 ....

EXERCICE 3

6 points

Vous allez entendre 2 fois un document. Vous aurez 30 secondes de pause entre les 2 écoutes puis 30 secondes pour vérifier vos réponses. Lisez d'abord les questions.

Annonce radio

1 Cette annonce parle de… *2 points*

☐

☐

☐

2 On peut goûter des spécialités… *2 points*

- ☐ salées.
- ☐ sucrées.
- ☐ salées et sucrées.

3 Combien coûte le *Menu Découverte* ? *2 points*

....

EXERCICE 4

10 points

Vous allez entendre plusieurs petits dialogues correspondant à des situations différentes. Vous aurez 15 secondes de pause après chaque dialogue. Puis, vous entendrez à nouveau les dialogues et pourrez compléter vos réponses. Lisez d'abord les questions.

Pour chaque situation, répondez à la question posée en mettant une croix (☒) dans la colonne de droite.

Situation n° 1

Où habitent les filles ?	
Dans la même maison.	
Dans la même ville.	
Dans la même rue.	
Dans le même quartier.	

Situation n° 2

Qui parle ?	
Deux élèves	
Deux mères.	
Deux collègues.	

Situation n° 3

Comment s'appellent les frères ?	
Pascal et Patrick.	
Patrick et Paul.	
Philippe et Pascal.	
Philippe et Patrick.	

Situation n°4

Qui parle ?	
Deux élèves.	
Deux professeurs.	
Une élève et un prof.	

Situation n° 5

Qui dit bonjour à Mme Logiou ?	
Un garçon.	
Une femme.	
Une fille.	

2 Compréhension des écrits

25 points

EXERCICE 1

6 points

Vous êtes dans une école française, c'est le premier jour d'école.
Vous voyez cette affiche.

Fête de la rentrée

Les vacances sont finies, c'est parti pour l'école, youpi !

Après les vacances d'été, l'école organise une exposition photos !
Des photos de vacances drôles, originales et jolies.
Racontez vos vacances en images !
L'exposition a lieu du 15 septembre au 15 octobre.
Pour participer à l'exposition, informez votre professeur principal.
Vous pouvez participer avec 5 photos maximum.
Le 27 septembre, journée spéciale : visite de l'exposition pour les parents et fête de la rentrée ! Apportez un gâteau ou une boisson.

Répondez aux questions.

1. L'exposition photos a lieu où ? *2 points*

❑

❑

❑

2. Combien de photos chaque élève peut proposer pour l'exposition ? *2 points*

....

3. La fête de la rentrée a lieu le… *2 points*

❑ 15 octobre.
❑ 15 septembre.
❑ 27 septembre.

EXERCICE 2

6 points

Lisez ce document.

Répondez aux questions.

1. Cette affiche parle d'une activité… *2 points*

   - ❑ sur glace.
   - ❑ au cinéma.
   - ❑ au théâtre.

2. L'événement est… *2 points*

   - ❑ à Noël.
   - ❑ avant Noël.
   - ❑ après Noël.

3. On peut voir le spectacle… *2 points*

   - ❑ à Paris.
   - ❑ à Bordeaux.
   - ❑ dans plusieurs villes.

EXERCICE 3

6 points

Lisez cette affiche.

Répondez aux questions. *2 points*

1. Cette affiche parle…
   - ❑ d'une chorale.
   - ❑ d'un club de musique.
   - ❑ d'un cours de musique.

2. Le concert a lieu le… *2 points*
   - ❑ 15 octobre.
   - ❑ 20 décembre.
   - ❑ 1er novembre.

3. Vous voulez vous inscrire. Qui est-ce que vous allez voir ? *2 points*

   ………………………………………………………………………………………

EXERCICE 4

7 points

Lisez ce message.

Nouveau Message

Fichier Édition Affichage Insertion Format Outils Message ?

Envoyer Enregistrer Imprimer Joindre Contacts

De : De : Alex@free.fr

Objet : Objet : Les Fleuries

Salut !

Ma famille et moi, nous passons nos vacances ici à l'hôtel « Les Fleuries », à côté de la gare. L'hôtel est super, avec une télévision et un ordinateur dans chaque chambre, c'est génial. Le service est aussi très bien. Il y a du soleil. Alors, nous allons tous les jours à vélo à la plage. Il faut 20 minutes.

Et toi, tu passes où tes vacances ?

À plus,

Alex

Répondez aux questions.

1. Alex écrit ce message… *2 points*

- ❑ pendant les vacances.
- ❑ pendant un échange scolaire.
- ❑ après un week-end en famille.

2. L'hôtel se trouve à côté de… *1 point*

❑

❑

❑

3. Dans les chambres, on trouve… *(2 réponses)* *4 points*

- ❑ un mini-bar.
- ❑ une douche.
- ❑ un ordinateur.
- ❑ une télévision.
- ❑ une console de jeux.

3 Production écrite

25 points

EXERCICE 1

10 points

1 point par réponse

Vous louez un appartement de vacances avec vos parents en France. Remplissez ce formulaire :

LOCATION À NICE

Nom : XXXXXXXXXX

Prénom : ....

Adresse : ....

Pays : ....

Courriel ....@..............

Date d'arrivée : ....

Date de départ : ....

Nombre de personnes : ....

N° de l'appartement : ....

Langues parlées *(2 réponses)* **:** ....

EXERCICE 2

15 points

Vous écrivez un message à votre ami pour l'inviter chez vous. Vous l'informez sur la date, le lieu et le moyen de transport qu'il peut prendre.

40 à 50 mots

Nouveau Message

Fichier Édition Affichage Insertion Format Outils Message ?

Envoyer Enregistrer Imprimer Joindre Contacts

De :

Objet :

4 Production orale

25 points

L'épreuve se déroule en trois parties : un entretien dirigé, un échange d'informations et un dialogue simulé (ou jeu de rôle).
Elle dure de 5 à 7 minutes.

Vous disposez de 10 minutes de préparation pour les parties 2 et 3 (échange d'informations et dialogue simulé).

1 ENTRETIEN DIRIGÉ – *1 minute environ*

Vous répondez aux questions de l'examinateur sur vous, votre famille, vos goûts ou vos activités (exemples : « Comment vous vous appelez ? », « Quelle est votre nationalité ? »…).

2 ÉCHANGE D'INFORMATIONS – AVEC PRÉPARATION – *2 minutes environ*

L'examinateur vous donne 5 ou 6 cartes. Vous posez des questions à l'examinateur avec les mots écrits sur les cartes.

Hôtel ?	Dîner ?	Café ?	Réserver ?
Petit-déjeuner ?	Chambre ?	Louer ?	Menu ?
Dessert ?	Entrée ?	Camping ?	Restaurant ?

3 DIALOGUE SIMULÉ OU JEU DE RÔLE – AVEC PRÉPARATION – *2 minutes environ*

Vous tirez au sort 2 sujets et vous en choisissez 1.

Sujet 1: Au supermarché
Vous êtes dans un supermarché à Caen. Vous êtes le/la client(e).
Vous vous informez sur le prix des produits que vous voulez acheter.
Vous demandez les quantités souhaitées. Pour payer, vous disposez de photos de pièces de monnaie et de billets.

Vous montrez que vous êtes capable de saluer et d'utiliser des formules de politesse.

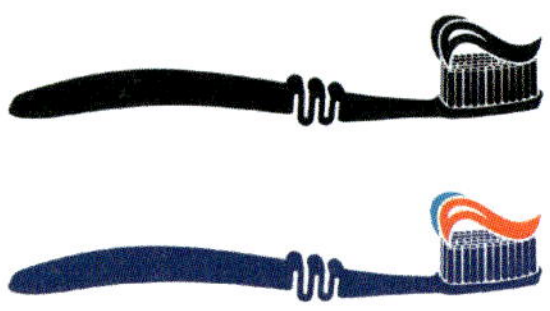

Sujet 2 : Dans un magasin
Vous êtes en vacances en France et vous allez dans un magasin. Vous êtes le/la client(e).
Vous vous informez sur le prix des produits que vous voulez acheter.
Vous demandez les quantités souhaitées. Pour payer, vous disposez de photos de pièces de monnaie et de billets.

Vous montrez que vous êtes capable de saluer et d'utiliser des formules de politesse.

1 Compréhension de l'oral

25 points

Répondez aux questions en cochant (☒) la bonne réponse ou écrivez l'information demandée.

EXERCICE 1

4 points

Vous allez entendre 2 fois un document. Vous aurez 30 secondes de pause entre les 2 écoutes puis 30 secondes pour vérifier vos réponses. Lisez d'abord les questions.

1 Les deux copines parlent…

1 point

❑

❑

❑

2 Dans l'école, il y a combien de salles de classe ?

1 point

……………………

3 Dans l'école d'Antibes, on trouve… *(2 réponses)*

2 points

❑

❑

❑

❑

❑

EXERCICE 2

5 points

Vous allez entendre 2 fois un document. Vous aurez 30 secondes de pause entre les 2 écoutes puis 30 secondes pour vérifier vos réponses. Lisez d'abord les questions.

1. Cette scène se passe… *2 points*

   ☐ à la maison.
   ☐ au restaurant.
   ☐ au supermarché.

2. Complétez le numéro de téléphone de Paul. *1 point*

   06 8 ...... 67 56 44

3. À quelle heure va commencer la fête ? *2 points*

☐

☐

☐

EXERCICE 3

6 points

Vous allez entendre 2 fois un document. Vous aurez 30 secondes de pause entre les 2 écoutes puis 30 secondes pour vérifier vos réponses. Lisez d'abord les questions.

1. Paul aime aller chez le… *2 points*

   ☐ médecin.
   ☐ chirurgien.
   ☐ pharmacien.

2. Maya a peur… *2 points*

   ☐ des dentistes.
   ☐ des médecins.
   ☐ des chirurgiens.

3. Léo est malade. Sa mère va .... *2 points*

EXERCICE 4

10 points

Vous allez entendre plusieurs petits dialogues correspondant à des situations différentes. Vous aurez 15 secondes de pause après chaque dialogue. Puis, vous entendrez à nouveau les dialogues et pourrez compléter vos réponses. Lisez d'abord les questions.

Pour chaque situation, répondez à la question posée en mettant une croix (☒) dans la colonne de droite.

Situation n° 1

Qu'est-ce que le voisin fait ?	
Du bruit.	
De la musique.	
Du chant.	

Situation n° 2

De quoi est-ce qu'ils parlent ?	
Du poulet.	
Du porc.	
Du poisson.	

Situation n° 3

De qui est-ce qu'ils parlent ?	
D'un nouvel élève.	
D'un nouveau voisin.	
D'un nouveau copain.	

Situation n° 4

Où se passe la scène ?	
À l'épicerie.	
Chez le glacier.	
Au supermarché.	

Situation n° 5

Zoé trouve Isabelle comment ?	
Bête.	
Triste.	
Sympathique.	

2 Compréhension des écrits

25 points

EXERCICE 1

6 points

Vous lisez ce document.

Vivez la magie de Disney !

Du 9 novembre au 23 décembre, venez faire la fête en famille.

Séjour GRATUIT pour les moins de 12 ans pour un séjour en famille de 2 jours

Détails de votre séjour :

le petit déjeuner à votre hôtel
les billets pour les 2 Parcs Disney

Inscrivez-vous sur : www.disney.fr
Si vous avez d'autres questions, contactez notre service : 01.47.69.64.65

Répondez aux questions.

1 Ce message s'adresse… *2 points*

- ❑ à des enfants.
- ❑ à des familles.
- ❑ à l'équipe Disney.

2 On organise quoi ? *2 points*

❑

❑

❑

3 Pour recevoir d'autres informations, on peut… *2 points*

- ❑ téléphoner.
- ❑ écrire un message.
- ❑ voir le site Internet.

EXERCICE 2

6 points

Lisez ce document.

Et vous, quel métier vous intéresse ?

Chaque semaine, vous présentez un métier intéressant.

Aujourd'hui, Amélie parle du métier de son père.

Bonjour à tous !
Je vous présente Charles, mon papa.
Il est professeur de géographie. Il travaille dans un lycée. Ses élèves ont entre 14 ans et 17 ans.
Il aime les voyages et la musique française : il lit beaucoup de livres et il écoute beaucoup de musique ! Sa chanteuse préférée s'appelle Camille.
C'est intéressant comme métier parce qu'il est toujours en contact avec les jeunes et il parle très bien une autre langue. C'est vraiment super !
Il est souvent fatigué, c'est aussi un métier difficile. Mais il a de la chance : il aime son métier.
Plus tard, je veux aussi devenir professeur de géographie ! C'est mon rêve !

Répondez aux questions.

1 Le père d'Amélie est… *1 point*

❑

❑

❑

2 Le père de d'Amélie travail avec… *1 point*

- ❑ des adultes.
- ❑ des enfants.
- ❑ des adolescents.

3 Le père d'Amélie aime écouter… *2 points*

....

4 Plus tard, Amélie veut aussi devenir… *2 points*

....

EXERCICE 3

6 points

Martine va au collège. Voici son emploi du temps :

	Lundi	Mardi	Mercredi	Jeudi	Vendredi
8h 30 – 9h 30		Italien	Anglais	Français	Sport
9h 30 – 10h 30	Français	Musique	Arts plastiques	Français	Option : Latin
pause					
11h - 12h	Géographie	Maths	Histoire	S.V.T.	Géographie
déjeuner					
13h 30- 14h 30	Sport	Français		C.D.I.	Français
14h 30- 15h 30	Sport	Physique		Physique	Anglais
pause					
16h - 17h	Anglais				

1. Complétez le tableau : *2 points*

	Jour
Martine est au C.D.I.	
Elle a cours de sport.	

2. Martine apprend 2 langues : *2 points*

.... et ....

3. Elle a .... heures de français par semaine. *1 point*

4. Elle n'a pas cours l'après-midi le .... *1 point*

EXERCICE 4

7 points

Lisez ce message.

Nouveau Message

Fichier Édition Affichage Insertion Format Outils Message ?

Envoyer Enregistrer Imprimer Joindre Contacts

De : lilou.coccinelle@arcenciel.fr

Objet : concours de dessin

Salut,

Tu vas bien ? Moi, super ! Mercredi après-midi, on a le concours de dessin au club.
Pour y aller, tu peux prendre le bus n°10 et descendre à l'arrêt Napoléon Bonaparte.
Pense à apporter tes crayons de couleur et du papier pour dessiner.
Tu vas voir, ça va être super, j'espère qu'on va gagner !
À mercredi,

Lilou

Répondez aux questions.

1 Lilou donne rendez-vous pour une activité… *2 points*

- ❑ scolaire.
- ❑ créative.
- ❑ sportive.

2 Lilou demande d'apporter… *2 points*

❑

❑

❑

3 On peut aller au club en… *2 points*

- ❑ bus.
- ❑ vélo.
- ❑ voiture.

4 Le concours est .... après-midi. *1 point*

3 Production écrite

25 points

EXERCICE 1

10 points

1 point par réponse

Vous trouvez cette affiche dans un journal. Vous voulez profiter des offres pour le matériel informatique. Complétez la fiche pour vous inscrire en ligne.

Offre medias pour tout le monde :
ordinateurs, portables, tablette, souris, radio, télé, stéréo…

Cadeau !!!!!!

Renvoyez cette inscription avant le 20 novembre 2015 et recevez un chèque cadeau.

Nom : XXXX

Prénom : ....

Âge : ....

Nationalité : ....

Adresse : ....

Ville : ....

Numéro de téléphone : ....

Courriel : ....@..............................

Matériel informatique à la maison : ....

Date et signature : ....

EXERCICE 2

15 points

Vous écrivez une lettre à votre ami français et vous lui décrivez votre appartement de vacances (Où ? Combien de pièces ? Pièce préférée ?)

40 à 50 mots

4 Production orale

25 points

L'épreuve se déroule en trois parties : un entretien dirigé, un échange d'informations et un dialogue simulé (ou jeu de rôle).
Elle dure de 5 à 7 minutes.

Vous disposez de 10 minutes de préparation pour les parties 2 et 3 (échange d'informations et dialogue simulé).

1 ENTRETIEN DIRIGÉ – *1 minute environ*

Vous répondez aux questions de l'examinateur sur vous, votre famille, vos goûts ou vos activités (exemples : « Comment vous vous appelez ? », « Quelle est votre nationalité ? »...).

2 ÉCHANGE D'INFORMATIONS – AVEC PRÉPARATION – *2 minutes environ*

L'examinateur vous donne 5 ou 6 cartes. Vous posez des questions à l'examinateur avec les mots écrits sur les cartes.

Valise ?	Train ?	Passeport ?	Vélo ?
Voiture?	Voyage ?	Gare ?	Aéroport ?
Bus ?	Métro ?	Avion ?	Bateau ?

3 DIALOGUE SIMULÉ OU JEU DE RÔLE – AVEC PRÉPARATION – *2 minutes environ*

Vous tirez au sort 2 sujets et vous en choisissez 1.

Sujet 1 : À la sandwicherie

Vous êtes dans une sandwicherie à Cassis avec vos parents. Vous êtes le/la client(e).
Vous vous informez sur le prix des produits que vous voulez acheter.
Vous demandez les quantités souhaitées. Pour payer, vous disposez de photos de pièces de monnaie et de billets.

Vous montrez que vous êtes capable de saluer et d'utiliser des formules de politesse.

Sujet 2 : Au magasin de vêtements

Vous entrez dans une boutique de vêtements à Saint-Malo. Vous êtes le/la client(e).
Vous vous informez sur les vêtements que vous voulez acheter, vous demandez le prix et vous payez.
Pour payer, vous disposez de photos de pièces de monnaie et de billets.

Vous montrez que vous êtes capable de saluer et d'utiliser des formules de politesse.

1 Compréhension de l'oral

25 points

Répondez aux questions en cochant (☒) la bonne réponse ou écrivez l'information demandée.

EXERCICE 1

4 points

Vous allez entendre 2 fois un document. Vous aurez 30 secondes de pause entre les 2 écoutes puis 30 secondes pour vérifier vos réponses. Lisez d'abord les questions.

Vous êtes en France et vous écoutez la météo à la radio.
Complétez le tableau suivant :

Nice					
Marseille					
Paris					
Strasbourg					

EXERCICE 2

5 points

Vous allez entendre 2 fois un document. Vous aurez 30 secondes de pause entre les 2 écoutes puis 30 secondes pour vérifier vos réponses. Lisez d'abord les questions.

1. Cette scène se passe… *2 points*
   - ☐ en classe.
   - ☐ au secrétariat.
   - ☐ à la bibliothèque.

2. À quelle heure commencent les cours de langues ? *1 point*

☐

☐

☐

3. Complétez le numéro de téléphone de l'école. *2 points*

05 2 ...... 67 44 3 41

EXERCICE 3

6 points

Vous allez entendre 2 fois un document. Vous aurez 30 secondes de pause entre les 2 écoutes puis 30 secondes pour vérifier vos réponses. Lisez d'abord les questions.

1 Les copains parlent… *2 points*

- ❑ de leur école.
- ❑ de leur famille.
- ❑ de leurs loisirs.

2 Julien a un match de foot… *2 points*

- ❑ le mercredi.
- ❑ le week-end.
- ❑ après l'école.

3 Anna aime faire… *2 points*

- ❑ de la danse.
- ❑ de la guitare.
- ❑ de la peinture.

EXERCICE 4

10 points

Vous allez entendre plusieurs petits dialogues correspondant à des situations différentes. Vous aurez 15 secondes de pause après chaque dialogue. Puis, vous entendrez à nouveau les dialogues et pourrez compléter vos réponses. Lisez d'abord les questions.

Pour chaque situation, répondez à la question posée en mettant une croix (☒) dans la colonne de droite.

Situation n° 1

Qu'est-ce qu'il fait souvent ?	
Marcher.	
Se lever.	
Courir.	
Se coucher.	

Situation n° 2

La personne a mal où ?	
À la tête.	
Aux oreilles.	
À la jambe.	
Au ventre.	

Situation n° 3

La personne a mal où ?	
À la tête.	
Aux oreilles.	
À la jambe.	
Aux dents.	

Situation n° 4

Comment est le garçon ?	
Trop grand.	
Trop maigre.	
Trop petit.	

Situation n° 5

Quel âge a la personne ?	
Six ans.	
Seize ans.	
Soixante ans.	

2 Compréhension des écrits

25 points

EXERCICE 1

6 points

Lisez ce document.

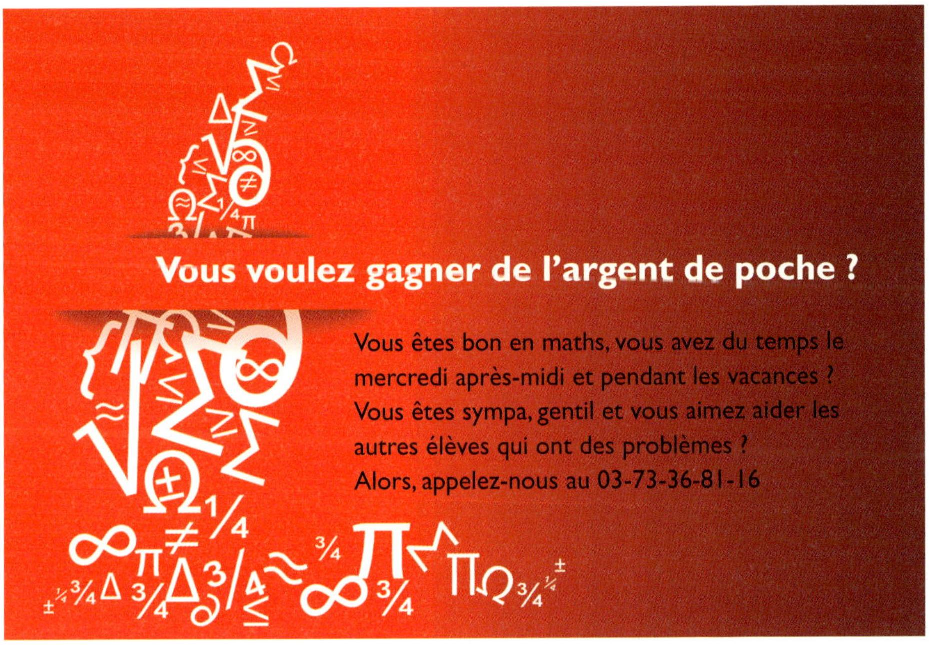

Répondez aux questions.

1. Cette annonce est pour… *2 points*
   - ☐ donner des cours de maths.
   - ☐ prendre des cours de maths.
   - ☐ faire un stage de maths pendant les vacances.

2. Cette annonce est pour… *2 points*
   - ☐ les élèves.
   - ☐ les parents.
   - ☐ les professeurs.

3. Vous devez avoir du temps quel jour dans la semaine ? *1 point*

   ……………………………………………………………………………………………………

4. Si vous êtes intéressés, vous devez… *1 point*

☐

☐

☐

EXERCICE 2

6 points

Lisez ce document.

Journée de Portes Ouvertes à la FNAC

La FNAC organise chaque année une grande exposition sur les nouveaux produits dans le domaine de la musique, des films en DVD, des ordinateurs, et de l'équipement informatique... Vous pouvez tester tous nos produits !

Où ? À Paris, 9, rue de la République.
Quand ? Du 1er au 31 octobre.
Pour qui ? Pour tout le monde

Service en ligne : 0 892 35 04 05.
Toutes les informations sur fnac.com

1. La FNAC se trouve dans quelle ville ? *1 point*

   ....

2. Quel est le numéro de la rue ? *1 point*

   ....

3. Cet événement est... *2 points*

   du .... au ....

4. Cette affiche annonce... *2 points*

   - ❑ une exposition de BD.
   - ❑ un cours d'informatique.
   - ❑ une journée portes ouvertes.

EXERCICE 3

6 points

Voici le programme de l'échange scolaire avec une classe française. Lisez le document et répondez aux questions.

<table>
<tr><th></th><th>lundi</th><th>mardi</th><th>mercredi</th><th>jeudi</th><th>vendredi</th><th>samedi</th><th>dimanche</th></tr>
<tr><td>8h-10h</td><td rowspan="2">Arrivée à l'école française</td><td rowspan="2">Visite de la ville</td><td>Cours de français</td><td rowspan="2">Visite au musée d'histoire de la ville</td><td>Cours de français</td><td rowspan="5">Journée libre avec la famille du corres-pondant</td><td rowspan="6">Fin du séjour :
Retour à la maison
Rendez-vous à 11h30 à la gare.</td></tr>
<tr><td>10h-12h</td><td>Visite d'un cours des corres-pondants</td><td>Visite d'un cours des corres-pondants</td></tr>
<tr><td>12h-14h</td><td>Pique-nique dans le parc</td><td>Repas sur la place de la mairie</td><td>Repas dans la cantine de l'école</td><td>Pique-nique dans le parc</td><td>Repas dans la cantine de l'école</td></tr>
<tr><td>14h-16h</td><td rowspan="2">Activités sportives au centre de loisirs</td><td rowspan="2">Cours de théâtre</td><td>Visite de la bibliothèque</td><td rowspan="2">Activités artistiques au centre culturel</td><td rowspan="2">Activités sportives au centre aquatique</td></tr>
<tr><td>16h-18h</td><td>Tournoi de foot au gymnase de l'école</td></tr>
<tr><td>18h-20h</td><td>Soirée dans la famille d'accueil</td><td>Soiréedans la famille d'accueil</td><td>Soirée cinéma</td><td>Soirée dans la famille d'accueil</td><td>Soirée dans la famille d'accueil</td><td>Fête de départ à l'école</td></tr>
</table>

1 Complétez le tableau suivant :

5 points

Quoi ?	Où ?	Jour ?	Horaire ?
		lundi	12h–14h
tournoi de foot			
	musée d'histoire de la ville		
		vendredi	14–18h

2 La classe voyage en…

1 point

❑

❑

❑

EXERCICE 4

7 points

Vous lisez ce message.

Nouveau Message

Fichier Édition Affichage Insertion Format Outils Message ?

Envoyer | Enregistrer | Imprimer | Joindre | Contacts

De : Sandrine@free.fr

Objet : Le nouveau travail de maman

Salut Rachel !

Ma mère a un nouveau travail ici à Paris dans une boutique de mode. C'est super et elle peut acheter des vêtements pas chers pour moi. Ici, au collège, tout le monde a des vêtements de marque. Je peux aussi travailler dans la boutique pour aider maman et je gagne un peu d'argent. Ma mère décore les vitrines et aide les clients. Pour la nouvelle saison, il y a des t-shirts de toutes les couleurs. La mode m'intéresse aussi. Et toi ? Tu as envie de voir la boutique ? Le lundi, il n'y a pas beaucoup de clients, viens la prochaine fois avec moi !

J'attends ta réponse.

Sandrine

Répondez aux questions.

1. Où travaille la mère ? *2 points*

❑

❑

❑

2. Sandrine gagne de l'argent… *2 points*
   - ❑ au collège.
   - ❑ au cinéma.
   - ❑ à la boutique.

3. Elle propose de… *3 points*
   - ❑ gagner de l'argent.
   - ❑ venir à la boutique.
   - ❑ décorer les vitrines.

3 Production écrite

25 points

EXERCICE 1

10 points

1 point par réponse

Vous vous inscrivez à un concours de musique, complétez la fiche d'inscription :

Concours de musique

Nom : xxxx

Prénom : ....

Adresse : ....

E-mail : ....@..................................

Date de naissance : ....

Numéro de téléphone : ....

Instruments de musique : *(2 réponses)* – ....

– ....

Depuis quand faites-vous de la musique ? ....

Autres activités : *(2 réponses)* – ....

– ....

EXERCICE 2

15 points

Vous écrivez à votre correspondante française. Vous expliquez pourquoi vous utilisez un téléphone portable ou un ordinateur ou pourquoi pas.

40 à 50 mots

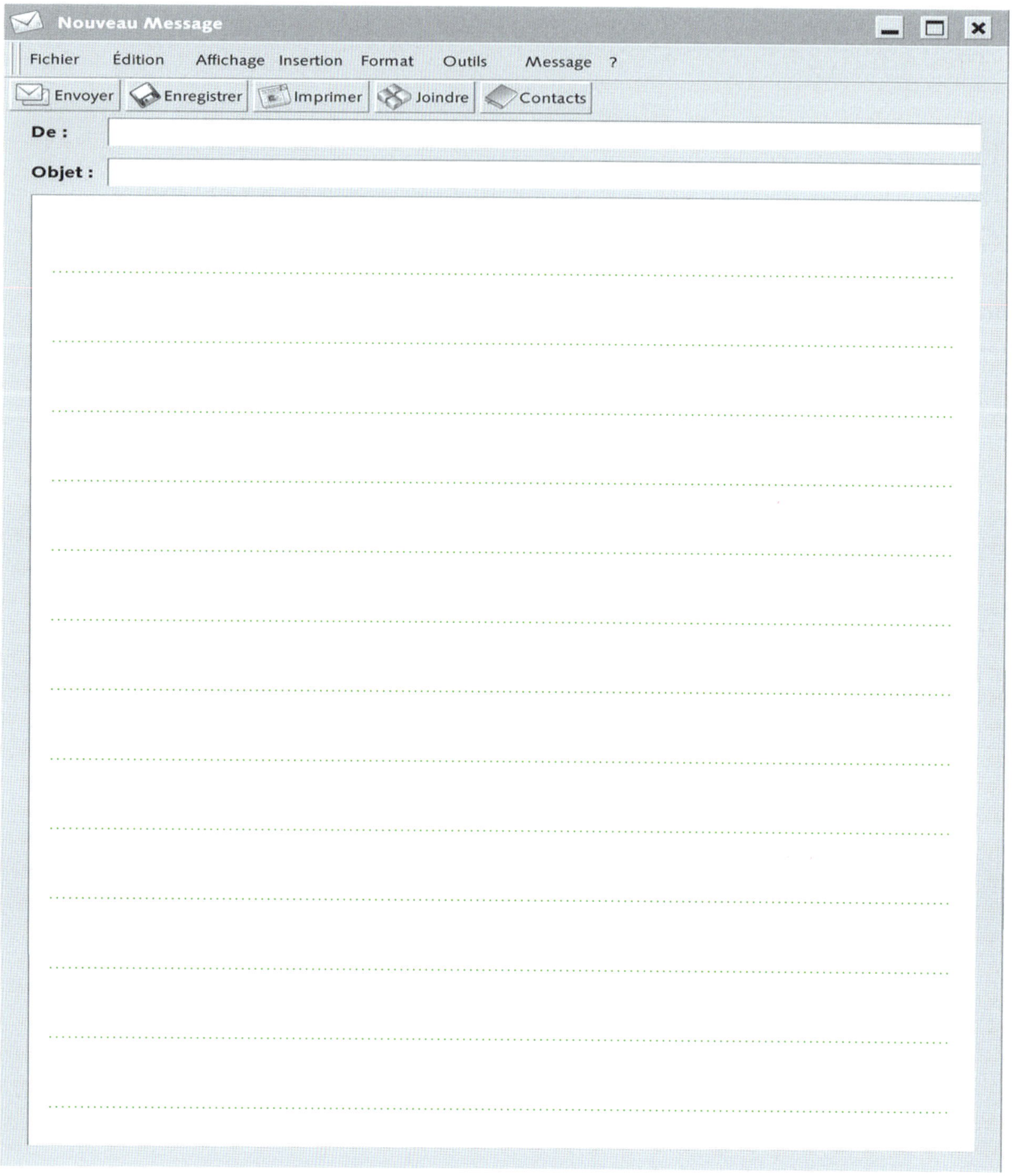

4 Production orale

25 points

L'épreuve se déroule en trois parties : un entretien dirigé, un échange d'informations et un dialogue simulé (ou jeu de rôle).

Elle dure de 5 à 7 minutes.

Vous disposez de 10 minutes de préparation pour les parties 2 et 3 (échange d'informations et dialogue simulé).

1 ENTRETIEN DIRIGÉ – *1 minute environ*

Vous répondez aux questions de l'examinateur sur vous, votre famille, vos goûts ou vos activités (exemples : « Comment vous vous appelez ? », « Quelle est votre nationalité ? »...).

2 ÉCHANGE D'INFORMATIONS – AVEC PRÉPARATION – *2 minutes environ*

L'examinateur vous donne 5 ou 6 cartes. Vous posez des questions à l'examinateur avec les mots écrits sur les cartes.

Cuisine ?	Chambre ?	Voisin ?	Maison ?
Télévision ?	Ascenseur ?	Salle de bain ?	Jardin ?
Radio ?	Habiter ?	Lit ?	Appartement ?

3 DIALOGUE SIMULÉ OU JEU DE RÔLE – AVEC PRÉPARATION – *2 minutes environ*

Vous tirez au sort 2 sujets et vous en choisissez 1.

Sujet 1 : À la supérette du camping

Vous êtes en vacances dans un camping en France. Vous êtes le/la client(e).
Vous vous informez sur le prix des produits que vous voulez acheter.
Vous demandez les quantités souhaitées. Pour payer, vous disposez de photos de pièces de monnaie et de billets.

Vous montrez que vous êtes capable de saluer et d'utiliser des formules de politesse.

Sujet 2 : À l'épicerie

Vous êtes en vacances en France et vous allez faire des courses à l'épicerie. Vous êtes le/la client(e).
Vous vous informez sur le prix des produits que vous voulez acheter.
Vous demandez les quantités souhaitées. Pour payer, vous disposez de photos de pièces de monnaie et de billets.

Vous montrez que vous êtes capable de saluer et d'utiliser des formules de politesse.

1 Compréhension de l'oral

25 points

Répondez aux questions en cochant (☒) la bonne réponse ou écrivez l'information demandée.

EXERCICE 1

4 points

Vous allez entendre 2 fois un document. Vous aurez 30 secondes de pause entre les 2 écoutes puis 30 secondes pour vérifier vos réponses. Lisez d'abord les questions.

1 Où se passe la scène ? *1 point*

☐

☐

☐

2 Le prof parle avec combien d'élèves ? *1 point*

....

3 Pour les jeunes, la vie sociale, c'est… *(2 réponses)* *2 points*

☐

☐

☐

☐

☐

EXERCICE 2

5 points

Vous allez entendre 2 fois un document. Vous aurez 30 secondes de pause entre les 2 écoutes puis 30 secondes pour vérifier vos réponses. Lisez d'abord les questions.

1 On parle de... *1 point*

☐

☐

☐

2 Il y a... *1 point*

☐

☐

☐

3 C'est... *2 points*

☐ en ville.
☐ à la montagne.
☐ à la campagne.

4 Le matin, on ouvre à quelle heure ? *1 point*

....

EXERCICE 3

6 points

Vous allez entendre 2 fois un document. Vous aurez 30 secondes de pause entre les 2 écoutes puis 30 secondes pour vérifier vos réponses. Lisez d'abord les questions.

1 Ces personnes parlent des... *2 points*

☐ cours de sport.
☐ cours de langue.
☐ cours de cuisine.

2 Le cours intensif coûte... *2 points*

☐ 300 EUR.
☐ 400 EUR.
☐ 550 EUR.

3 Élise et Léa proposent de vivre dans… *2 points*

- ❑ un hôtel.
- ❑ une chambre d'hôte.
- ❑ une famille d'accueil.

EXERCICE 4

10 points

Vous allez entendre plusieurs petits dialogues correspondant à des situations différentes. Vous aurez 15 secondes de pause après chaque dialogue. Puis, vous entendrez à nouveau les dialogues et pourrez compléter vos réponses. Lisez d'abord les questions.

Pour chaque situation, répondez à la question posée en mettant une croix (☒) dans la colonne de droite.

Situation n° 1

Avec qui la personne aime parler ?	
Avec ses voisins.	
Avec sa famille.	
Avec son grand-père.	
Avec sa sœur.	

Situation n°2

Qu'est-ce que les voisins ont ?	
Des fils.	
Des filles.	
Des parents.	
Des enfants.	

Situation n° 3

Avec qui la personne fait des fêtes ?	
Avec son beau-père.	
Avec son compagnon.	
Avec ses copains et copines.	

Situation n° 4

Qui habite dans la maison ?	
La belle-mère.	
Les parents.	
Le compagnon.	

Situation n°5

Où est-ce que la personne joue avec ses copains ?	
Dans une classe.	
Dans une école.	
Dans un club.	

2 Compréhension des écrits

25 points

EXERCICE 1

6 points

Vous lisez cette affiche.

COOLMODE

grande journée portes ouvertes **samedi 21 juin** **de 9h à 18 h**

Vous cherchez des vêtements à la mode pour les jeunes ?
Venez donc dans notre magasin ! Découvrez la nouvelle collection !

Pour les premiers 50 clients, nous proposons des t-shirts gratuits.

L'équipe de COOLMODE

Répondez aux questions.

1 On organise quoi ? *2 points*

☐

☐

☐

2 Cette information s'adresse… *2 points*

☐ aux clients.
☐ aux vendeurs.
☐ à l'équipe COOLMODE.

3 Pour les premiers visiteurs, il y a… *2 points*

☐ un t-shirt gratuit.
☐ un chèque-cadeau.
☐ un nouveau chapeau.

EXERCICE 2

6 points

Lisez ce document.

Club DELF

Vous aimez le français ? Vous avez du temps le vendredi ? Vous voulez avoir un diplôme en français pour votre portfolio ?
Venez au club de DELF A1 de 12 h à 13 h, DELF A2 de 13 h à 14 h.
L'inscription pour le DELF A1 coûte 28 euros, pour le DELF A2 48 euros.
Vous pouvez vous inscrire au secrétariat avant le 30 avril.

Dates des examens de DELF :
Écrit : DELF A1 : 22 janvier, de 8 h à 9 h 20
DELF A2 : 22 janvier, de 9 h 40 à 11 h 20
Oral : DELF A1 : 2 février, de 14 h à 16 h
DELF A2 : 3 février, de 12 h à 13 h

Répondez aux questions.

1. L'examen écrit du DELF A1 est quel jour ? *2 points*

....

2. Combien coûte le diplôme A1 ? *1 point*

.... € ....

3. Pour s'inscrire, il faut aller… *2 points*

- ☐ sur Internet.
- ☐ au secrétariat.
- ☐ à la bibliothèque.

4. À quelle heure commence le cours de A1 ? *1 point*

....

EXERCICE 3

6 points

Nora sort de l'école et voit l'affiche suivante. Répondez aux questions.

1. Cette affiche parle d'un… *2 points*

- ❑ grand-père Noël.
- ❑ grand jeu de Noël.
- ❑ grand cadeau de Noël.

2. Le grand jeu est pour qui ? *2 points*

....

3. Les enfants peuvent venir… *2 points*

- ❑ seuls.
- ❑ avec un copain.
- ❑ avec un parent.

EXERCICE 4

7 points

Lisez le message et répondez aux questions.

Nouveau Message

Fichier Édition Affichage Insertion Format Outils Message ?

Envoyer Enregistrer Imprimer Joindre Contacts

De : Paul45@free.fr message envoyé le 13 mars, à 11h54

Copie... Emilie-jolie@free.fr

Objet : Concert de Super Galactique

Salut Élise,

J'ai deux places pour le concert du groupe Super Galactique !

C'est un groupe génial, j'adore la musique. Regarde l'affiche, elle est super, non ?

Demain, ils jouent dans notre ville. Tu veux venir avec moi ?

Bisous

Paul

1. Ce message est pour qui ? *2 points*

   ....

2. Paul écrit ce message pour… *1 point*

   - ☐ accepter une invitation.
   - ☐ aller à un concert avec une amie.
   - ☐ rencontrer des amis à un concert.

3. Paul veut aller au concert quel jour ? *2 points*

   ....

4. Les deux amis habitent dans quelle ville ? *2 points*

   ....

3 Production écrite

25 points

EXERCICE 1

10 points
1 point par réponse

Vous vous inscrivez à un jour d'orientation professionnelle.
Complétez le formulaire d'inscription.

JOURNÉE D'ORIENTATION PROFESSIONNELLE

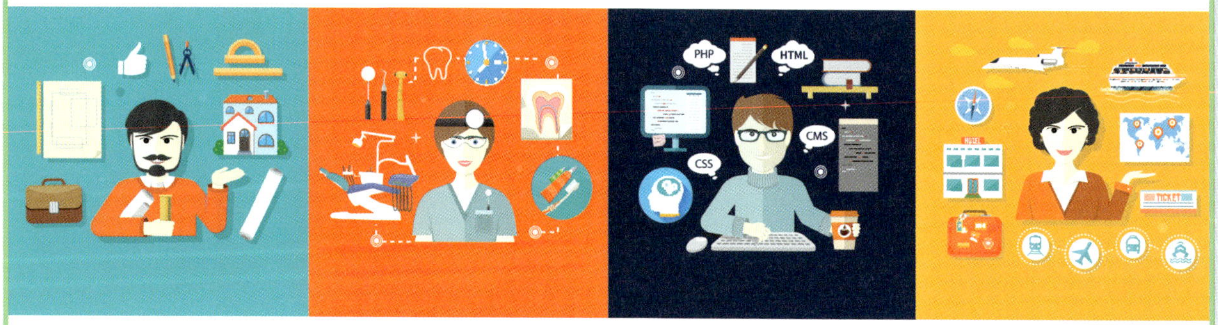

Nom : xxxx

Prénom : ....

Adresse : ....

Ville : ....

Courriel : ....@....................

Sexe : ....

École : ....

Langue maternelle : ....

Première langue étrangère : ....

Profession préférée : ....

Loisirs : ....

EXERCICE 2

15 points

Votre amie française va venir chez vous une semaine. Vous lui écrivez un courriel pour lui demander la date de son arrivée. Vous proposez deux activités et décrivez où ces activités se passent.

40 à 50 mots

Nouveau Message

Fichier Édition Affichage Insertion Format Outils Message ?

Envoyer | Enregistrer | Imprimer | Joindre | Contacts

De :

Objet :

....

....

....

....

....

....

....

....

....

....

....

....

....

4 Production orale

25 points

L'épreuve se déroule en trois parties : un entretien dirigé, un échange d'informations et un dialogue simulé (ou jeu de rôle).

Elle dure de 5 à 7 minutes.

Vous disposez de 10 minutes de préparation pour les parties 2 et 3 (échange d'informations et dialogue simulé).

1 ENTRETIEN DIRIGÉ – *1 minute environ*

Vous répondez aux questions de l'examinateur sur vous, votre famille, vos goûts ou vos activités (exemples : « Comment vous vous appelez ? », « Quelle est votre nationalité ? »…).

2 ÉCHANGE D'INFORMATIONS – AVEC PRÉPARATION – *2 minutes environ*

L'examinateur vous donne 5 ou 6 cartes. Vous posez des questions à l'examinateur avec les mots écrits sur les cartes.

Télévision ?	Journal ?	Internet ?	Film préféré ?
Cinéma ?	Livre ?	Téléphone ?	Photo(s) de vacances ?
Ordinateur ?	Musique ?	Lire ?	Regarder ?

3 DIALOGUE SIMULÉ OU JEU DE RÔLE – AVEC PRÉPARATION – *2 minutes environ*

Vous tirez au sort 2 sujets et vous en choisissez 1.

Sujet 1 : À l'agence de voyage

Vous êtes à l'agence de voyage. Vous êtes le/la client(e).
Vous demandez des informations sur les différents moyens de transport, les horaires et les prix pour aller à Paris.
Vous choisissez un voyage. Pour payer, vous disposez de photos de pièces de monnaie et de billets.

Vous montrez que vous êtes capable de saluer et d'utiliser des formules de politesse.

Sujet 2 : Au café

Vous allez avec un ami français au café. Vous êtes le/la client(e).
Vous commandez quelque chose à boire et à manger, vous vous informez sur les prix. Pour payer, vous disposez de photos de pièces de monnaie et de billets.

Vous montrez que vous êtes capable de saluer et d'utiliser des formules de politesse.

1 Compréhension de l'oral

25 points

Répondez aux questions en cochant (☒) la bonne réponse ou écrivez l'information demandée.

EXERCICE 1

4 points

Vous allez entendre 2 fois un document. Vous aurez 30 secondes de pause entre les 2 écoutes puis 30 secondes pour vérifier vos réponses. Lisez d'abord les questions.

1 Où se passe la scène ? *0,5 point*

☐

☐

☐

2 Le journaliste parle avec combien de personnes ? Complétez. *0,5 point*

....

3 Il faut manger et boire beaucoup de… *(3 réponses)* *3 points*

☐

☐

☐

☐

☐

☐

EXERCICE 2

5 points

Vous allez entendre 2 fois un document. Vous aurez 30 secondes de pause entre les 2 écoutes puis 30 secondes pour vérifier vos réponses. Lisez d'abord les questions.

1. Cette scène se passe… *2 points*

- ☐ au collège.
- ☐ à la maison.
- ☐ au secrétariat de l'école.

2. À quel âge on demande la carte d'identité tout seul ? *1 point*

☐

☐

☐

3. Complétez le numéro de téléphone de service. *2 points*

08 …… 39 01 ……

EXERCICE 3

6 points

Vous allez entendre 2 fois un document. Vous aurez 30 secondes de pause entre les 2 écoutes puis 30 secondes pour vérifier vos réponses. Lisez d'abord les questions.

1. Cette publicité parle… *2 points*

- ☐ d'un jardin botanique.
- ☐ d'un magasin de fleurs.
- ☐ d'un parc avec des fleurs.

2. On peut acheter… *2 points*

☐

☐

☐

3. Un bouquet de roses coûte combien ? *2 points*

…………………………………………………………………………………………

EXERCICE 4

10 points

Vous allez entendre plusieurs petits dialogues correspondant à des situations différentes. Vous aurez 15 secondes de pause après chaque dialogue. Puis, vous entendrez à nouveau les dialogues et pourrez compléter vos réponses. Lisez d'abord les questions.

Pour chaque situation, répondez à la question posée en mettant une croix (☒) dans la colonne de droite.

Situation n° 1

Émilie veut apprendre quelle langue ?	
Le français.	
L'allemand.	
L'anglais.	
Le russe.	

Situation n° 2

Qu'est-ce que le français pour Philippe ?	
Sa deuxième langue.	
Sa langue paternelle.	
Sa première langue étrangère.	
Sa langue maternelle.	

Situation n° 3

De quoi Jérôme a besoin ?	
D'un livre.	
D'un disque.	
D'un dictionnaire.	
D'un crayon.	

Situation n° 4

Que doit faire la personne ?	
Expliquer.	
Répéter.	
Répondre.	
Épeler.	

Situation n° 5

Que font les enfants ?	
De la conjugaison.	
Des langues.	
De la grammaire.	
De la conversation.	

2 Compréhension des écrits

25 points

EXERCICE 1

6 points

Vous lisez cette affiche.

La journée de Sport Solidaire

SOLIDARITÉ SPORT organise chaque année un événement pour toute la famille. Grâce au sport, on explique la notion de vivre ensemble.
Vous pouvez tester les sports suivants : le foot, le tennis, le hand, le volley et même la danse. Il y a aussi beaucoup d'accessoires de sport à gagner !
Où ? Au Collège Marie Curie, 06700 Lagarde
Quand ? Le 16 juin
Renseignements au 03 34 93 14 33 15
ou par fax au 03 34 93 14 33 16
Enfants : gratuit
Parents : 2,50 EUR

Répondez aux questions.

1. L'équipe SOLIDARITÉ SPORT organise… *2 points*

- ❑ un match de basket.
- ❑ un spectacle de danse.
- ❑ un événement pour la famille.

2. L'événement est gratuit pour… *2 points*

- ❑ les enfants.
- ❑ les parents.
- ❑ les parents et les enfants.

3. On peut gagner… *2 points*

- ❑ des ballons.
- ❑ des baskets.
- ❑ des voyages.

EXERCICE 2

6 points

Lisez ce document.

COIFFURE À LA MODE

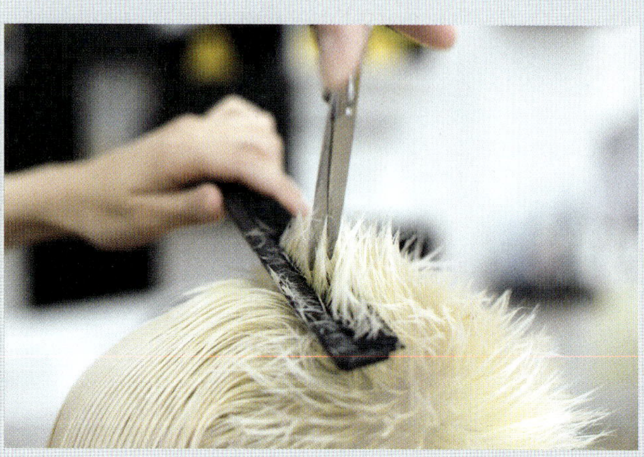

Comme chaque saison, les salons de coiffure présentent les nouvelles tendances. Au programme, des blonds féminins, des cheveux courts ou longs, des couleurs brillantes et intenses... Découvrez notre sélection de nouvelles coiffures et trouvez ce qui vous plaît. Changez de tête, c'est l'occasion ! Journée portes ouvertes le 1er octobre.

1. Les nouvelles tendances de coiffure sont... *2 points*

- ❑ les roux féminins.
- ❑ les bruns féminins.
- ❑ les blonds féminins.

2. Les cheveux peuvent être... *2 points*

- ❑ très longs.
- ❑ très courts.
- ❑ courts ou longs.

3. Quel jour est-ce qu'on peut essayer une nouvelle coiffure ? *2 points*

....

EXERCICE 3

6 points

Lisez le document.

Répondez aux questions.

1. Cette crème est pour… *1 point*

 ☐

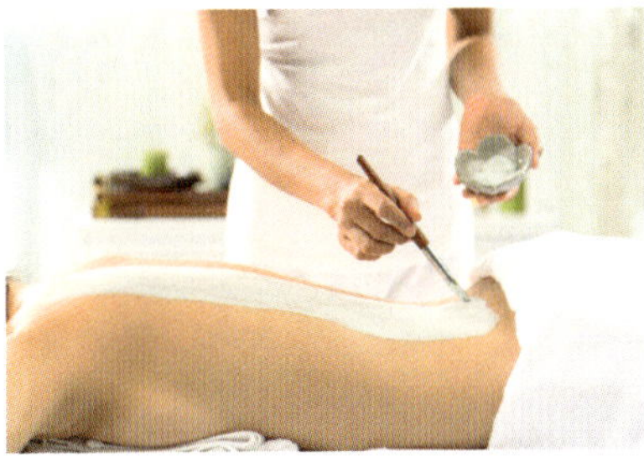 ☐

 ☐

2. Notez deux parfums de cette crème. *2 points*

 ☐

 ☐

 ☐

 ☐

 ☐

3. Quand vous achetez deux crèmes, on vous donne… *2 points*

- ☐ un cadeau.
- ☐ une réduction.
- ☐ un bon d'achat.

4. Combien de temps dure la promotion ? *1 point*

....

EXERCICE 4

7 points

Lisez ce message.

Nouveau Message

Fichier Édition Affichage Insertion Format Outils Message ?

Envoyer Enregistrer Imprimer Joindre Contacts

De : Stéphane@free.fr

Objet : Nouvel appartement

Salut !

Tu vas bien ? La banlieue de Paris, c'est fini, youpi ! Maintenant, j'habite près d'Avignon, dans une maison avec un jardin. Pas loin de chez moi, il y a un centre commercial, une mairie et une poste. C'est cool ! Tu peux venir chez moi pour le week-end profiter du soleil de la Provence, si tu veux. Réponds-moi vite !

À bientôt,

Stéphane

Répondez aux questions.

1. Stéphane habite… *2 points*

   - ❑ en banlieue.
   - ❑ à la campagne.
   - ❑ dans le centre-ville.

2. Où est-ce que Stéphane peut faire les courses ? *2 points*

   ....

3. Dans quelle région habite Stéphane maintenant ? *1 point*

   ....

4. Il invite son copain pour… *2 points*

   - ❑ deux jours.
   - ❑ les vacances.
   - ❑ une semaine.

3 Production écrite

25 points

EXERCICE 1

10 points

1 point par réponse

Vous voulez vous inscrire au Club de DELF de votre école. Remplissez ce formulaire :

DIPLÔME D'ÉTUDES EN LANGUE FRANÇAISE ▲ CIEP
DELF scolaire

Nom : XXXXX

Prénom : ....

Âge : ....

Classe : ....

Nom du professeur de français : ....

Adresse : ....

Ville : ....

Numéro de téléphone : ....

Courriel : ....

Langue maternelle : ....

Langues vivantes parlées : ....

EXERCICE 2

15 points

Vous écrivez à un(e) ami(e) français(e). Vous parlez de la profession de vos parents ou d'une personne que vous aimez bien.

40 à 50 mots

Nouveau Message

Fichier Édition Affichage Insertion Format Outils Message ?

Envoyer Enregistrer Imprimer Joindre Contacts

De : ....

Objet : ....

....

....

....

....

....

....

....

....

....

....

....

....

....

4 Production orale

25 points

L'épreuve se déroule en trois parties : un entretien dirigé, un échange d'informations et un dialogue simulé (ou jeu de rôle).

Elle dure de 5 à 7 minutes.

Vous disposez de 10 minutes de préparation pour les parties 2 et 3 (échange d'informations et dialogue simulé).

1 ENTRETIEN DIRIGÉ – *1 minute environ*

Vous répondez aux questions de l'examinateur sur vous, votre famille, vos goûts ou vos activités (exemples : « Comment vous vous appelez ? », « Quelle est votre nationalité ? »...).

2 ÉCHANGE D'INFORMATIONS – AVEC PRÉPARATION – *2 minutes environ*

Vous posez des questions à l'examinateur avec les mots clés écrits sur les cartes.

Lecture ?	Sport ?	Vacances ?	Internet ?
Piscine ?	Se promener ?	Jeu ?	Cinéma ?
Dessiner ?	Opéra ?	Télévision ?	Concert ?

3 DIALOGUE SIMULÉ OU JEU DE RÔLE – AVEC PRÉPARATION – *2 minutes environ*

Vous tirez au sort 2 sujets et vous en choisissez 1.

Sujet 1 : Dans un grand magasin

Vous allez dans un grand magasin à Carpentras avec vos parents. Vous voulez acheter des objets pour votre nouvelle maison de vacances. Vous êtes le/la client(e).
Vous vous informez sur le prix des produits que vous voulez acheter.
Vous demandez les quantités souhaitées. Pour payer, vous disposez de photos de pièces de monnaie et de billets.

Vous montrez que vous êtes capable de saluer et d'utiliser des formules de politesse.

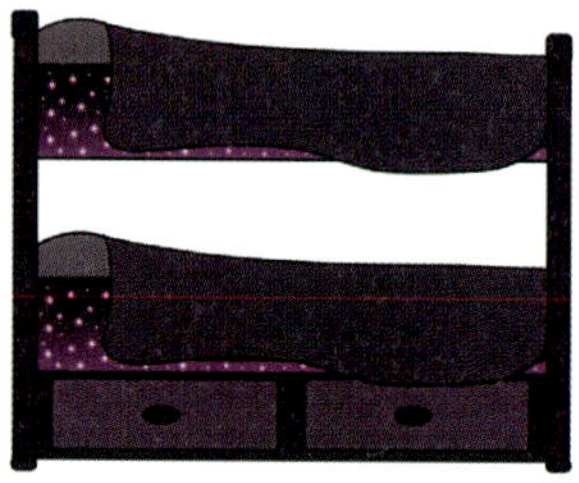

Sujet 2 : À la station-service

Vous êtes en vacances en France avec vos parents et vous vous arrêtez à la station-service. Vous êtes le/la client(e).
Vous vous informez sur le prix des produits que vous voulez acheter.
Vous demandez les quantités souhaitées. Pour payer, vous disposez de photos de pièces de monnaie et de billets.

Vous montrez que vous êtes capable de saluer et d'utiliser des formules de politesse.

1 Compréhension de l'oral

25 points

Répondez aux questions en cochant (☒) la bonne réponse ou écrivez l'information demandée.

EXERCICE 1

4 points

Vous allez entendre 2 fois un document. Vous aurez 30 secondes de pause entre les 2 écoutes puis 30 secondes pour vérifier vos réponses. Lisez d'abord les questions

1. Le scène se passe… *1 point*

☐

☐

☐

2. Combien de personnes parlent ? Complétez. *1 point*

……………… personnes.

3. Ces personnes travaillent pour… *(2 réponses)* *2 points*

☐

☐

☐

☐

EXERCICE 2

5 points

Vous allez entendre 2 fois un document. Vous aurez 30 secondes de pause entre les 2 écoutes puis 30 secondes pour vérifier vos réponses. Lisez d'abord les questions.

Des idées pour sortir

1. Cette scène se passe… *1 point*

☐ au cinéma.
☐ au téléphone.
☐ au supermarché.

2. À quelle heure les copines veulent se retrouver ? *2 points*

☐

☐

☐

3. Complétez le numéro de téléphone : *2 points*

06 2 …… 89 45 ……

EXERCICE 3

6 points

Vous allez entendre 2 fois un document. Vous aurez 30 secondes de pause entre les 2 écoutes puis 30 secondes pour vérifier vos réponses. Lisez d'abord les questions.

1. Trouve un titre pour cette émission à la radio : *2 points*

☐ le travail à la maison
☐ le travail des enfants
☐ le travail et les enfants

2. André pense qu'une femme avec un enfant… *2 points*

☐ peut travailler.
☐ va oublier son enfant.
☐ doit rester à la maison.

3. Julie… *2 points*

☐ travaille.
☐ a des problèmes.
☐ reste à la maison.

EXERCICE 4

10 points

Vous allez entendre plusieurs petits dialogues correspondant à des situations différentes. Vous aurez 15 secondes de pause après chaque dialogue. Puis, vous entendrez à nouveau les dialogues et pourrez compléter vos réponses. Lisez d'abord les questions.

Pour chaque situation, répondez à la question posée en mettant une croix (☒) dans la colonne de droite.

Situation n° 1

De quoi on parle ?	
D'une promenade en forêt.	
D'une promenade dans un parc.	
D'une promenade à la campagne.	

Situation n° 2

Où sont les personnes ?	
Au zoo.	
À la télévision.	
À l'animalerie.	

Situation n° 3

Où la personne veut aller ?	
À l'école.	
À la mairie.	
Au château.	

Situation n° 4

Qui parle ?	
M. Durand.	
M. Dupont.	
M. Dupeau.	

Situation n° 5

Qu'est-ce que la personne a ?	
Un chat.	
Un chien.	
Un poisson rouge.	

2 Compréhension des écrits

25 points

EXERCICE 1

6 points

Vous lisez cette affiche.

Ecole Lingua Etcetera

Cours et exercices de français gratuits
Choisissez votre catégorie :
- Grammaire française
- Compréhension
- Vocabulaire français
- Français des affaires
- Exercices de conjugaison
- Jeux pour apprendre le français
- Civilisation française
- Préparation DELF

Vous voulez apprendre le français ? Visitez notre site Internet. Vous trouvez différents cours pour les adolescents, les étudiants et les adultes.

Vous pouvez choisir un ou plusieurs programmes intéressants. Nous offrons des tests gratuits. Tous nos clients reçoivent un livre pour les cours.

Pour plus d'informations et pour les inscriptions, remplissez le formulaire du site : www.lingua_etcetera.fr ou téléphonez au 01 56 65 76 10.

Répondez aux questions.

1. On propose quoi ? *2 points*

❑

❑

❑

2. On peut prendre des cours de… *(2 réponses)* *2 points*

❑ vocabulaire.
❑ conversation.
❑ préparation au bac.

3. On offre gratuitement… *2 points*

❑ un test.
❑ un cours.
❑ un programme.

EXERCICE 2

6 points

Lisez ce document.

C'est une soirée de fête, une fois dans l'année, avec tous les voisins, pour apprendre à vivre ensemble et pour ne pas être seul.

Cette année, c'est déjà la 14ème fête en France et comme toujours, la fête est un succès énorme avec plus de 7,5 millions de visiteurs. Cet événement existe aussi à Bruxelles, Berlin, Genève, Dublin, Rome, Luxembourg, Lisbonne, Vienne, Londres, Brême et dans 1400 villes européennes. 15 millions de voisins veulent construire une Europe plus humaine et plus solidaire. Même d'autres pays comme le Canada, la Turquie, l'Ukraine, le Japon et le Togo montrent un grand intérêt pour la fête.

❶ Le thème de ce texte est une fête avec… *2 points*

- ❑ des amis.
- ❑ des voisins.
- ❑ des copains.

❷ On fête cet événement pour la… *2 points*

- ❑ septième fois.
- ❑ quatrième fois.
- ❑ quatorzième fois.

❸ On fête cet événement dans… *2 points*

- ❑ quinze villes.
- ❑ une seule ville.
- ❑ beaucoup de villes.

EXERCICE 3

6 points

Lisez ce document.

Votre coiffure montre votre personnalité ! Et oui, mesdames, mesdemoiselles ! Répondez à ces questions et trouvez votre coupe de cheveux idéale.

1) Le matin, combien de temps passez-vous devant votre miroir pour vous coiffer ?
   - ☐ moins de 2 minutes
   - ☐ moins de 10 minutes
   - ☐ vous ne comptez pas les minutes

2) Vous êtes plutôt :
   - ☐ grande
   - ☐ petite
   - ☐ sportive

3) La couleur naturelle de vos cheveux est :
   - ☐ rousse
   - ☐ brune
   - ☐ blonde

Répondez aux questions.

1. Ce texte est… *2 points*
   - ☐ un test.
   - ☐ une publicité.
   - ☐ une interview.

2. Ici, on peut découvrir… *2 points*
   - ☐ la couleur idéale.
   - ☐ la coiffure idéale.
   - ☐ la perruque idéale.

3. On pose les questions aux… *2 points*
   - ☐ enfants.
   - ☐ femmes.
   - ☐ hommes.

EXERCICE 4

7 points

Lisez cet horoscope.

Poissons: 19.02-20.03 — Tes parents ne pensent pas toujours comme toi, ce n'est pas grave ! Mais à l'école, tout va bien !

Taureau: 20.04–21.05 — Votre semaine va être super et vous allez rencontrer un nouvel ami ! Attention, faites du sport !

Cancer: 21.06–22.07 — Vous allez avoir une mauvaise semaine. Ne voyez pas tout en noir ! Vos amis vont être gentils avec vous !

Sagittaire: 23.11–21.12 — Vous allez avoir une semaine géniale et une surprise lundi. Attention, ne mangez pas trop de chocolat !

Capricorne: 22.12–19.01 — Vous allez gagner à la loterie ! Attention, ne faites pas trop de shopping !

Complétez le tableau avec le numéro correspondant :

	N° du signe astrologique:	
Il faut rester positif.	....	*2 points*
Il faut faire attention aux choses sucrées.	....	*2 points*
Il faut être plus sportif.	....	*2 points*
Il faut faire attention à l'argent.	....	*1 point*

3 Production écrite

25 points

EXERCICE 1

10 points

1 point par réponse

Vous voulez aller au Canada et vous devez remplir ce formulaire.

Nom : xxxx

Prénom : ....

Adresse : ....

Code postal : ....

Ville et pays : ....

Numéro de téléphone : ....

Date de naissance : ....

Lieu de naissance : ....

Nationalité : ....

Situation de famille : ....

Passeport valable jusqu'au : ....

EXERCICE 2

15 points

Vous écrivez à votre ami français pour présenter votre nouvelle école. Vous parlez de :

– votre classe,

– votre professeur de français,

– votre matière préférée.

40 à 50 mots

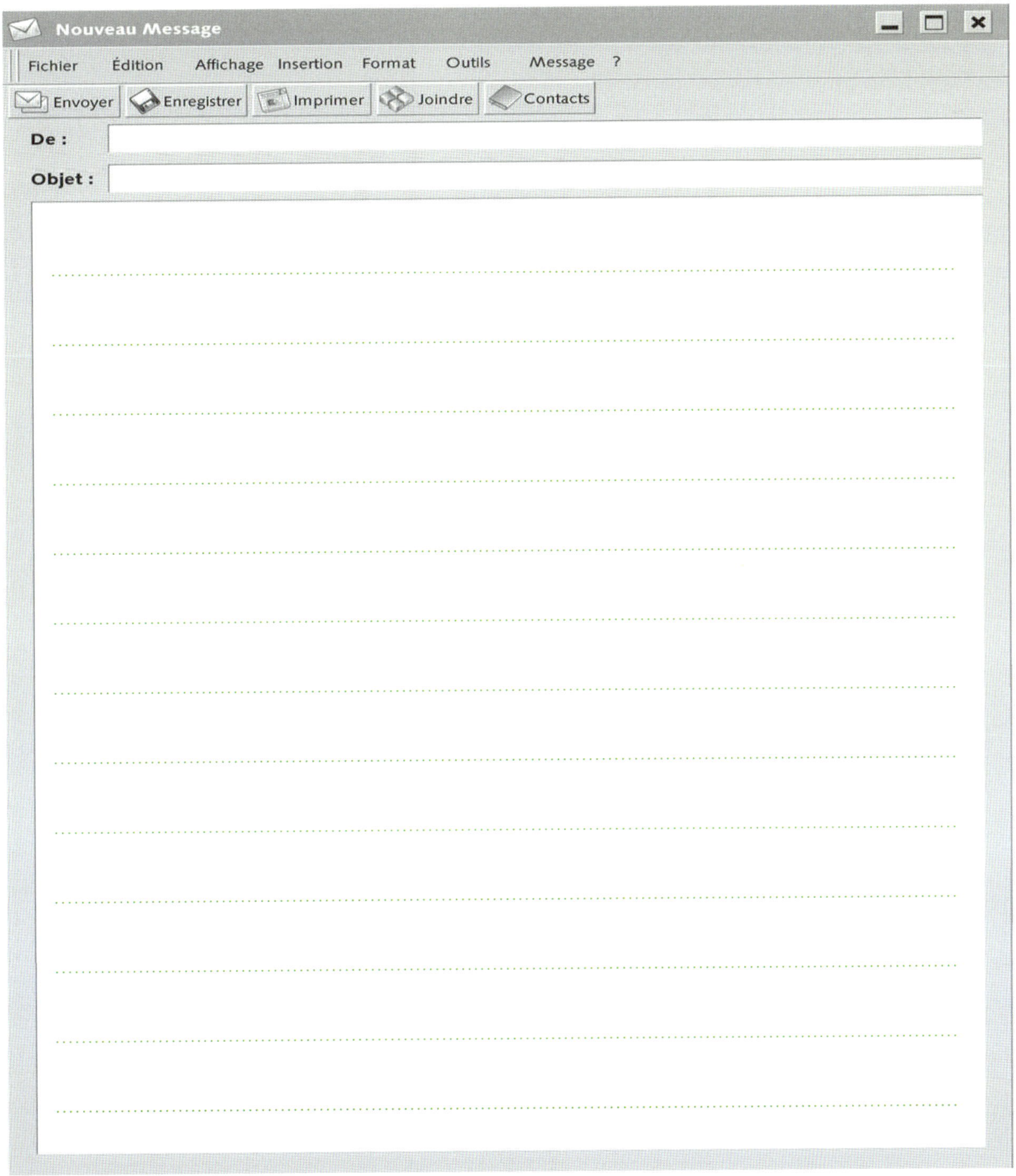

4 Production orale

25 points

L'épreuve se déroule en trois parties : un entretien dirigé, un échange d'informations et un dialogue simulé (ou jeu de rôle).

Elle dure de 5 à 7 minutes.

Vous disposez de 10 minutes de préparation pour les parties 2 et 3 (échange d'informations et dialogue simulé).

1 ENTRETIEN DIRIGÉ – *1 minute environ*

Vous répondez aux questions de l'examinateur sur vous, votre famille, vos goûts ou vos activités (exemples : « Comment vous vous appelez ? », « Quelle est votre nationalité ? »...).

2 ÉCHANGE D'INFORMATIONS – AVEC PRÉPARATION – *2 minutes environ*

L'examinateur vous donne 5 ou 6 cartes. Vous posez des questions à l'examinateur avec les mots écrits sur les cartes.

Profession ?	Médecin ?	Cuisinier ?	Professeur ?
Boulanger ?	Architecte ?	Pilote ?	Acteur ?
Chanteur ?	Secrétaire ?	Entreprise ?	École ?

3 DIALOGUE SIMULÉ OU JEU DE RÔLE – AVEC PRÉPARATION – *2 minutes environ*

Vous tirez au sort 2 sujets et vous en choisissez 1.

Sujet 1 : Dans une grande librairie

Vous allez dans une grande librairie en France. Vous êtes le/la client(e).
Vous vous informez sur le prix des produits que vous voulez acheter.
Vous demandez les quantités souhaitées. Pour payer, vous disposez de photos de pièces de monnaie et de billets.

Vous montrez que vous êtes capable de saluer et d'utiliser des formules de politesse.

Sujet 2 : Dans un magasin d'électronique

Vous êtes dans un magasin d'électronique en France. Vous êtes le/la client(e).
Vous vous informez sur le prix des produits que vous voulez acheter.
Vous demandez les quantités souhaitées. Pour payer, vous disposez de photos de pièces de monnaie et de billets.

Vous montrez que vous êtes capable de saluer et d'utiliser des formules de politesse.

1 Compréhension de l'oral

25 points

Répondez aux questions en cochant (☒) la bonne réponse ou écrivez l'information demandée.

EXERCICE 1

4 points

Vous allez entendre 2 fois un document. Vous aurez 30 secondes de pause entre les 2 écoutes puis 30 secondes pour vérifier vos réponses. Lisez d'abord les questions.

1. La personne va… *1 point*

❑

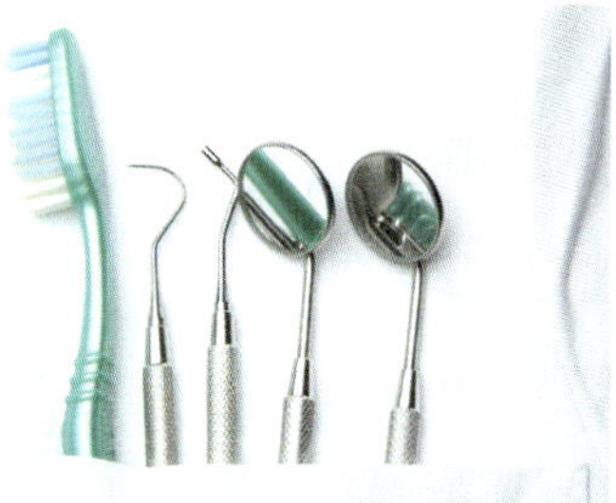

❑

❑

2. Elle a mal… *1 point*

❑ à la tête.
❑ au ventre.
❑ à la gorge.

3. Qu'est-ce qu'elle a mangé ? *2 points*

....

EXERCICE 2

5 points

Vous allez entendre 2 fois un document. Vous aurez 30 secondes de pause entre les 2 écoutes puis 30 secondes pour vérifier vos réponses. Lisez d'abord les questions.

1. Cette scène se passe… *2 points*

❑ à l'école.
❑ à la maison.
❑ au téléphone.

2 À quelle heure finit le service téléphonique ? *1 point*

❑

❑

❑

3 Complétez le numéro de téléphone du service. *2 points*

03 .... 78 67 ....

EXERCICE 3

6 points

Vous allez entendre 2 fois un document. Vous aurez 30 secondes de pause entre les 2 écoutes puis 30 secondes pour vérifier vos réponses. Lisez d'abord les questions.

1 La piscine ferme dans… *2 points*

- ❑ 5 minutes.
- ❑ 10 minutes.
- ❑ 15 minutes.

2 On vous demande de… *2 points*

- ❑ vous habiller.
- ❑ aller aux douches.
- ❑ sortir de la piscine.

3 La piscine ouvre à quelle heure le matin ? *2 points*

....

EXERCICE 4

10 points

Vous allez entendre plusieurs petits dialogues correspondant à des situations différentes. Vous aurez 15 secondes de pause après chaque dialogue. Puis, vous entendrez à nouveau les dialogues et pourrez compléter vos réponses. Regardez d'abord les images.

Associez chaque situation à une image.
Attention, il y a 5 dialogues et 6 images

Image A

Situation n° ....

Image B

Situation n° ....

Image C

Situation n° ....

Image D

Situation n° ....

Image E

Situation n° ....

Image F

Situation n° ....

2 Compréhension des écrits

25 points

EXERCICE 1

6 points

Vous êtes en vacances en France et vous voyez ces panneaux :

1

2

3

4

5

Complétez le tableau suivant.

	N° du panneau:
Attention, traversée d'animaux.	....
Risque de feux de forêt.	....
Attention, sortie école.	....

EXERCICE 2

6 points

Lisez ce document.

Pierre Brunet, psychologue, répond à vos questions :

À quel âge je peux parler anglais ou allemand avec mes enfants ?
Les petits enfants de 1 à 3 ans adorent les langues.

Est-ce que je dois parler seulement dans ma langue maternelle ?
C'est mieux mais une maman qui est restée plusieurs années aux États-Unis peut parler anglais à son bébé, par exemple.

Est-ce qu'il y a une règle à suivre ?
La règle est simple : une personne ou un lieu = une langue. Par exemple, le papa parle allemand au bébé et la maman parle en français.

Est-ce que je dois prendre une baby-sitter anglaise ?
C'est une bonne idée, mais elle doit s'occuper de l'enfant régulièrement. Pour apprendre une autre langue, il est important que cela se passe en interaction avec une personne humaine !

Répondez aux questions.

1. Pierre Brunet pense qu'à l'âge de 2 ans… *2 points*
   - ❑ on doit parler anglais.
   - ❑ on doit aller à dans un autre pays.
   - ❑ on peut apprendre une autre langue.

2. Avec le bébé, les parents parlent toujours… *2 points*
   - ❑ une langue.
   - ❑ les deux langues.
   - ❑ la langue maternelle.

3. L'enfant apprend bien quand… *2 points*
   - ❑ il écoute un CD.
   - ❑ il joue avec quelqu'un.
   - ❑ il regarde la télévision.

EXERCICE 3

6 points

Vous êtes en France et vous trouvez ce prospectus.

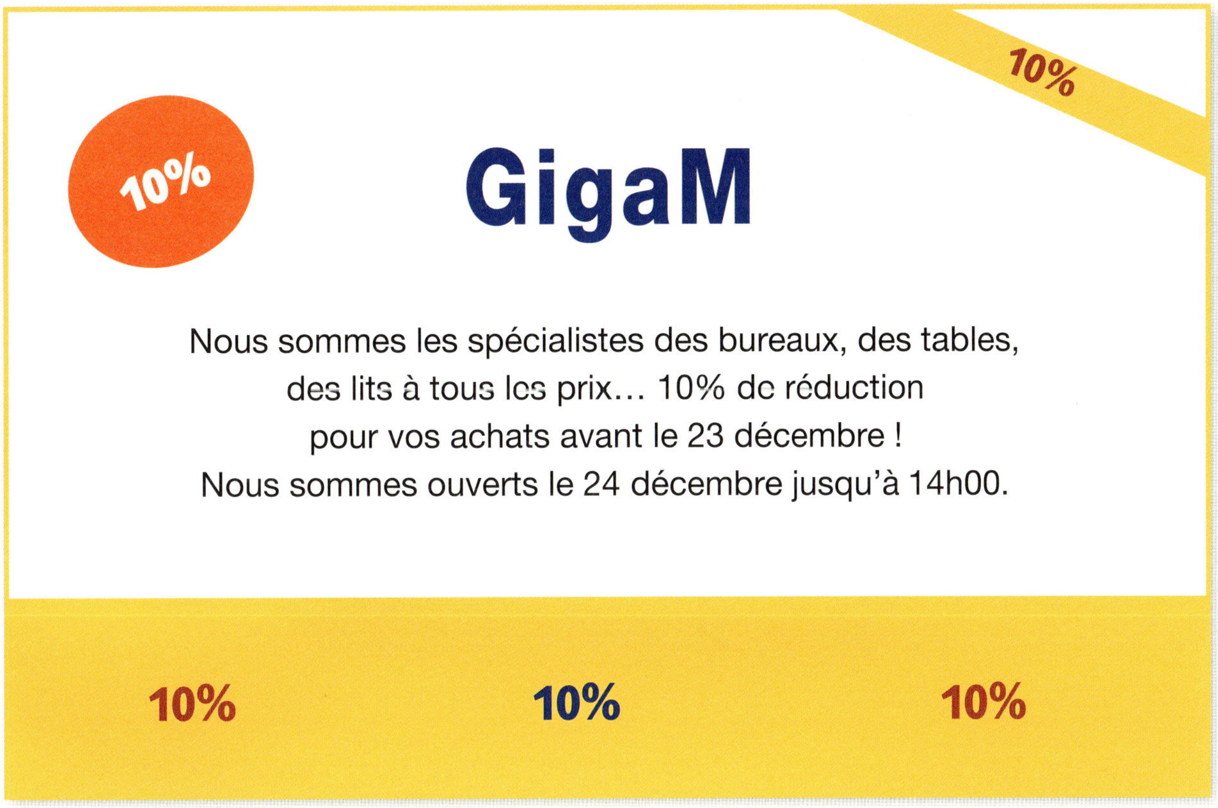

Répondez aux questions.

1. C'est un magasin de… *2 points*
   - ☐ livres.
   - ☐ jouets.
   - ☐ meubles.

2. La promotion va jusqu'au .... *2 points*

3. Le 24 décembre, le magasin est ouvert… *2 points*
   - ☐ le soir.
   - ☐ le matin.
   - ☐ l'après-midi.

EXERCICE 4

7 points

Lisez ce message.

Salut !
Je t'invite chez moi ce week-end : mon adresse est 2 Villa de l'Adour, 75020 Paris.
Le chemin pour venir chez moi est facile :
J'habite entre la rue de Belleville et la rue Fressart. Quand tu sors du métro Pyrénées, tu vas tout droit dans la rue de Belleville. Tu tournes à la troisième rue à gauche, dans la rue de la Vilette. Après, c'est la première rue à gauche, au premier étage.
Envoie-moi un mail pour confirmer.
À ce week-end, j'espère,

Élise

Répondez aux questions.

1. Quelle est l'adresse d'Élise ? *2 points*

....

2. Dessinez le chemin pour aller chez Élise : *2 points*

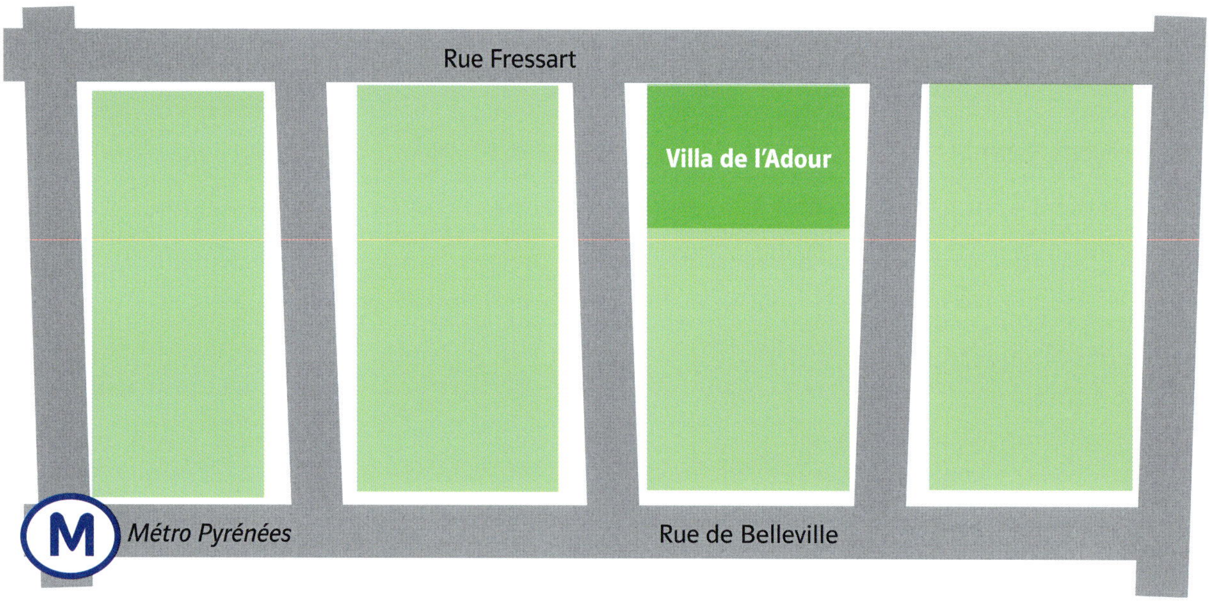

3. Élise vous invite… *2 points*

- ❑ une semaine.
- ❑ un week-end.
- ❑ un après-midi.

4. Vous voulez aller chez Élise, vous devez… *1 point*

- ❑ téléphoner.
- ❑ écrire un mail.
- ❑ écrire une carte.

3 Production écrite

25 points

EXERCICE 1

10 points
1 point par réponse

Complétez le formulaire suivant et gagnez deux places de cinéma pour vous et votre famille.

Nom : xxxx

Prénom: ....

Rue : ....

Ville : ....

Courriel : ....@..............................

Âge : ....

Nombre de frères et sœurs : ....

Film préféré : ....

Acteur préféré : ....

Actrice préférée : ....

Combien de fois allez-vous au cinéma par an ? ....

EXERCICE 2

15 points

Vous écrivez à votre nouveau corres. Vous parlez de vous et de votre famille pour vous présenter.

40 à 50 mots

Nouveau Message

Fichier Édition Affichage Insertion Format Outils Message ?

Envoyer Enregistrer Imprimer Joindre Contacts

De : ....

Objet : ....

....

....

....

....

....

....

....

....

....

....

....

....

....

4 Production orale

25 points

L'épreuve se déroule en trois parties : un entretien dirigé, un échange d'informations et un dialogue simulé (ou jeu de rôle).

Elle dure de 5 à 7 minutes.

Vous disposez de 10 minutes de préparation pour les parties 2 et 3 (échange d'informations et dialogue simulé).

1 ENTRETIEN DIRIGÉ – *1 minute environ*

Vous répondez aux questions de l'examinateur sur vous, votre famille, vos goûts ou vos activités (exemples : « Comment vous vous appelez ? », « Quelle est votre nationalité ? »...).

2 ÉCHANGE D'INFORMATIONS – AVEC PRÉPARATION – *2 minutes environ*

Vous posez des questions à l'examinateur avec les mots clés écrits sur les cartes.

Banque ?	Recevoir ?	Courriel ?	Poste ?
Téléphone portable ?	Carte bancaire ?	Timbre ?	Accident ?
Carte postale ?	Lettre ?	Adresse ?	Envoyer ?

3 DIALOGUE SIMULÉ OU JEU DE RÔLE – AVEC PRÉPARATION – *2 minutes environ*

Vous tirez au sort 2 sujets et vous en choisissez 1.

Sujet 1 : Au club de vacances

Vous êtes dans un club de vacances à Menton. Vous êtes le/la client(e).
Vous demandez des informations sur les activités que le club propose (prix et horaires) et vous choisissez. Pour payer, vous disposez de photos de pièces de monnaie et de billets.

Vous montrez que vous êtes capable de saluer et d'utiliser des formules de politesse.

Sujet 2 : Dans un magasin d'électronique

Vous allez dans un magasin d'électronique à Orléans. Vous êtes le/la client(e).
Vous vous informez sur les produits que vous voulez acheter. Vous demandez le prix.
Pour payer, vous disposez de photos de pièces de monnaie et de billets.

Vous montrez que vous êtes capable de saluer et d'utiliser des formules de politesse.

1 Compréhension de l'oral

25 points

Répondez aux questions en cochant (☒) la bonne réponse ou écrivez l'information demandée.

EXERCICE 1

4 points

Vous allez entendre 2 fois un document. Vous aurez 30 secondes de pause entre les 2 écoutes puis 30 secondes pour vérifier vos réponses. Lisez d'abord les questions.

1. Combien d'argent veut la personne ? *1 point*

   .... €

2. La personne veut aussi... *1 point*

❑

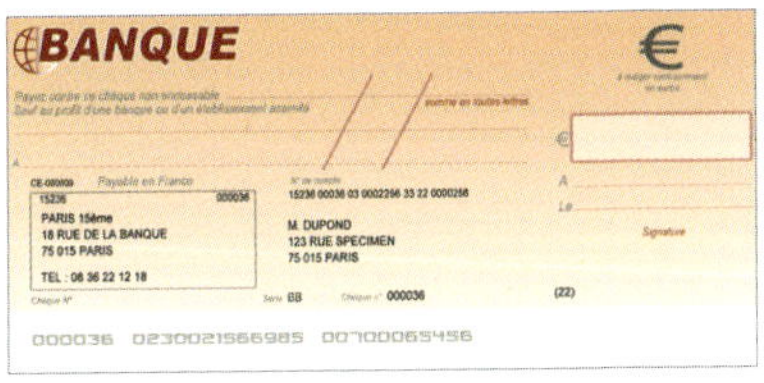

❑

❑

3. Ce produit coûte... *2 points*

❑ 50€.
❑ 60€.
❑ 70€.

EXERCICE 2

5 points

Vous allez entendre 2 fois un document. Vous aurez 30 secondes de pause entre les 2 écoutes puis 30 secondes pour vérifier vos réponses. Lisez d'abord les questions.

1. La personne a mal où ? *1 point*

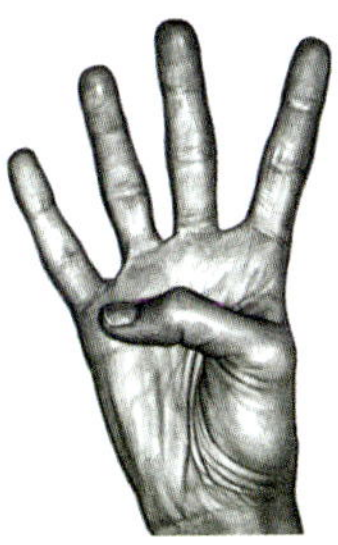

❑

❑

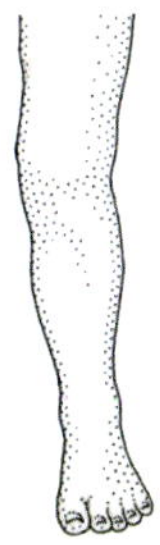

❑

···➤

2. La personne a eu un accident de… *2 points*

- ☐ ski.
- ☐ vélo.
- ☐ voiture.

3. La personne passe ses vacances dans… *2 points*

- ☐ les Alpes.
- ☐ les Vosges.
- ☐ les Pyrénées.

EXERCICE 3

6 points

Vous allez entendre 2 fois un document. Vous aurez 30 secondes de pause entre les 2 écoutes puis 30 secondes pour vérifier vos réponses. Lisez d'abord les questions.

1. Où se trouve le rayon vêtements ? *2 points*

- ☐ Au 1er étage.
- ☐ Au 3ème étage.
- ☐ Au 5ème étage.

2. Une jupe coûte combien ? *1 point*

.... € ....

3. Qu'est-ce qui coûte 6 euros ? *2 points*

- ☐ Une jupe.
- ☐ Un T-shirt.
- ☐ Une veste.

4. Combien de temps dure la promotion ? *1 point*

- ☐ 20 minutes.
- ☐ 15 minutes.
- ☐ 10 minutes.

EXERCICE 4

10 points

Vous allez entendre plusieurs petits dialogues correspondant à des situations différentes. Vous aurez 15 secondes de pause après chaque dialogue. Puis, vous entendrez à nouveau les dialogues et pourrez compléter vos réponses. Regardez d'abord les images.

Associez chaque situation à une image.
Attention, il y a 5 dialogues et 6 images.

Image A

Situation n° ....

Image B

Situation n° ....

Image C

Situation n° ....

Image D

Situation n° ....

Image E

Situation n° ....

Image F

Situation n° ....

2 Compréhension des écrits

25 points

EXERCICE 1

6 points

Vous voulez partir en vacances en France avec votre famille. Vous lisez ces petites annonces.

annonce n°1

Loue appartement de vacances pour 4 personnes en bord de mer 80€/semaine

annonce n°2

Loue chalet à la montagne pour 8 personnes, grande cuisine 50€/semaine

annonce n°3

Loue maison de campagne avec un grand jardin pour 4 personnes 70€/semaine

annonce n°4

Loue petit appartement en centre-ville pour deux personnes 60€/semaine

Complétez le tableau.

Situation	Vous répondez à l'annonce n°	
Votre famille aime la nature et manger dehors.	....	*2 points*
Vous êtes 6 personnes.	....	*2 points*
Vous aimez visiter des musées, aller au cinéma...	....	*2 points*

EXERCICE 2

6 points

Lisez ce document.

Le camping du soleil (www.campingdusoleil@aiguesmortes.fr)

Découvrez le sud de la France:
Lieu : Aigues-Mortes
Tarifs : * tente: 20€/semaine * camping-car 30€/semaine * mobile home: 80€/semaine
Activités : volley, piscine, badminton
Services : épicerie, boulangerie, bureau de tabac

Répondez aux questions.

1 Vous passez une semaine dans une tente, combien ça coûte ? *2 points*

....

2 Le camping propose... *2 points*

- ❑ des excursions.
- ❑ des soirées barbecue.
- ❑ des activités sportives.

3 Au camping, vous pouvez... *2 points*

- ❑ faire des courses.
- ❑ aller chez le coiffeur.
- ❑ manger au restaurant.

EXERCICE 3

6 points

Vous faites un séjour linguistique à Montpellier. Voici le menu de la cantine :

	lundi	mardi	mercredi	jeudi	vendredi
entrée	salade	carottes râpées	salade de tomates	salade	soupe
plat	steak frites	spaghettis bolognaise	poulet carottes	pizza	poisson riz
dessert	glace	mousse au chocolat	yaourt ou banane	gâteau aux pommes	orange

Prix du repas :
1 jour : 3€
2-4 jours : 2,50€
5 jours : 2€

Horaires : 12 h 00 -13 h 30

Répondez aux questions.

1 Vous mangez trois jours à la cantine, vous payez… *2 points*

....

2 Complétez le tableau : *4 points*

	Jour
Vous pouvez manger une entrée chaude quand ?	....
Il y a des fruits quel jour ? *(2 réponses)*	....
Vous pouvez manger des pâtes quand ?	....

EXERCICE 4

7 points

Lisez ce message.

Nouveau Message

Fichier Édition Affichage Insertion Format Outils Message ?

Envoyer Enregistrer Imprimer Joindre Contacts

De : Marcoulou@orange.fr

Objet : joyeux anniversaire !

Salut,

J'ai envoyé ton cadeau d'anniversaire samedi par la poste. Appelle-moi quand tu le reçois. Normalement, tu vas le recevoir mercredi. J'espère que tu vas aimer le cadeau !

Bises,

Marc

Répondez aux questions.

1. Marc a envoyé… *2 points*

   - ❑ une lettre.
   - ❑ un paquet.
   - ❑ une carte postale.

2. Quand il reçoit le cadeau, Marc doit… *2 points*

   - ❑ téléphoner.
   - ❑ écrire une lettre.
   - ❑ répondre par courriel.

3. Qu'est-ce qui se passe mercredi ? *3 points*

   ……………………………………………………………………………………………………

3 Production écrite

25 points

EXERCICE 1

10 points
1 point par réponse

Vous êtes à l'hôpital en France et vous devez remplir cette fiche de renseignements.

Hôpital pour enfants

Nom : xxxx

Prénom : ....

Domicile : ....

Date de naissance : ....

Courriel : ....@..................

Nom du médecin de famille : ....

N° de téléphone du médecin de famille : ....

Personne à contacter en cas de problèmes : ....

N° de téléphone de la personne : ....

Date d'entrée à l'hôpital : ....

N° de chambre : ....

EXERCICE 2

15 points

Vous écrivez un message sur le blog cuisine.fr et vous parlez de votre dessert et de votre boisson préférés.

40 à 50 mots

cuisinierenchef

Ajouter un commentaire

4 Production orale

25 points

L'épreuve se déroule en trois parties : un entretien dirigé, un échange d'informations et un dialogue simulé (ou jeu de rôle).

Elle dure de 5 à 7 minutes.

Vous disposez de 10 minutes de préparation pour les parties 2 et 3 (échange d'informations et dialogue simulé).

1 ENTRETIEN DIRIGÉ – *1 minute environ*

Vous répondez aux questions de l'examinateur sur vous, votre famille, vos goûts ou vos activités (exemples : « Comment vous vous appelez ? », « Quelle est votre nationalité ? »...).

2 ÉCHANGE D'INFORMATIONS – AVEC PRÉPARATION – *2 minutes environ*

Vous posez des questions à l'examinateur avec les mots clés écrits sur les cartes.

Météo ?	École ?	Temps ?	Fleur ?
Montagne ?	Centre-ville ?	Village ?	Animal ?
Lac ?	Jardin ?	Soleil ?	Immeuble ?

3 DIALOGUE SIMULÉ OU JEU DE RÔLE – AVEC PRÉPARATION – *2 minutes environ*

Vous tirez au sort 2 sujets et vous en choisissez 1.

Sujet 1 : À l'animalerie

Vous êtes dans une animalerie à Montélimar et vous voulez acheter un animal. Vous êtes le/la client(e).
Vous vous informez sur les prix et vous choisissez.
Pour payer, vous disposez de photos de pièces de monnaie et de billets.

Vous montrez que vous êtes capable de saluer et d'utiliser des formules de politesse.

Sujet 2 : À la réception de l'hôtel

Vous êtes à Marseille avec vos parents qui ne parlent pas bien français. Vous demandez des informations sur les différentes sorties, les horaires et les prix et vous choisissez.
Pour payer, vous disposez de photos de pièces de monnaie et de billets.

Vous montrez que vous êtes capable de saluer et d'utiliser des formules de politesse.

1 Compréhension de l'oral

25 points

Répondez aux questions en cochant (☒) la bonne réponse ou écrivez l'information demandée.

EXERCICE 1

4 points

Vous allez entendre 2 fois un document. Vous aurez 30 secondes de pause entre les 2 écoutes puis 30 secondes pour vérifier vos réponses. Lisez d'abord les questions.

1 Que font les deux filles ? *1 point*

❑

❑

❑

2 Une fille a oublié… *1 point*

❑

❑

❑

3 Les deux copines sortent dans… *2 points*

❑ 5 minutes.
❑ 10 minutes.
❑ 20 minutes.

EXERCICE 2

5 points

Vous allez entendre 2 fois un document. Vous aurez 30 secondes de pause entre les 2 écoutes puis 30 secondes pour vérifier vos réponses. Lisez d'abord les questions.

1. Laure doit aller où ? *2 points*

- ☐ Au consulat.
- ☐ À l'ambassade.
- ☐ Au commissariat.

2. Laure a rendez-vous quel jour ? *2 points*

....

3. Laure doit apporter… *1 point*

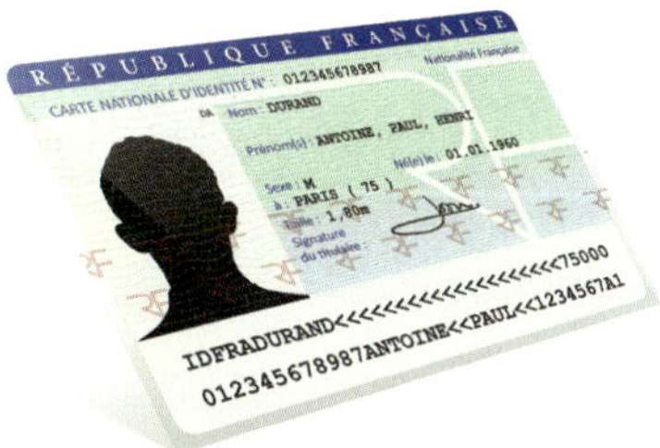

☐

☐

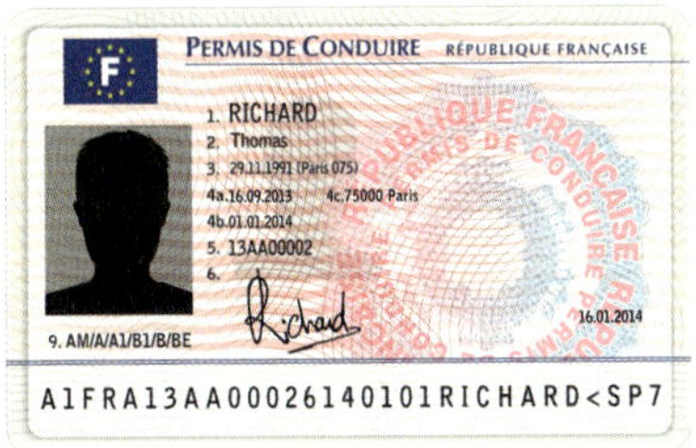

☐

EXERCICE 3

6 points

Vous allez entendre 2 fois un document. Vous aurez 30 secondes de pause entre les 2 écoutes puis 30 secondes pour vérifier vos réponses. Lisez d'abord les questions.

1. Lucie propose d'aller où ? *2 points*

- ☐ Au cinéma.
- ☐ Au concert.
- ☐ Au karaoké.

2. Pourquoi les parents de Lucie sont d'accord ? *2 points*

....

3. Lucie adore… *2 points*

- ☐ jouer.
- ☐ danser.
- ☐ chanter.

EXERCICE 4

10 points

Vous allez entendre plusieurs petits dialogues correspondant à des situations différentes. Vous aurez 15 secondes de pause après chaque dialogue. Puis, vous entendrez à nouveau les dialogues et pourrez compléter vos réponses. Lisez d'abord les questions.

Pour chaque situation, répondez à la question posée en mettant une croix (☒) dans la colonne de droite.

Situation n° 1

Où sont les personnes ?	
Dans la rue.	
Sur le balcon.	
Dans l'ascenseur.	

Situation n° 2

Où est-ce qu'on va planter l'arbre ?	
Dans le parc.	
Dans la cour.	
Dans le jardin.	

Situation n° 3

Les personnes vont faire quoi ?	
Une pizza.	
Un gâteau.	
Des crêpes.	

Situation n° 4

Que vont faire les personnes ?	
Regarder un film.	
Jouer à l'ordinateur.	
Écouter de la musique.	

Situation n° 5

Où se passe la scène ?	
À la piscine.	
Dans les toilettes.	
Dans la salle de bain.	

2 Compréhension des écrits

25 points

EXERCICE 1

6 points

Vous lisez ce document.

Auchan Saint Loup
57, Bd Romain Rolland
13010 Marseille

- 1 crème à raser	3,00	€
- 1 dentifrice	2,10	€
- 1 brosse à dents	1,20	€
- 1 shampoing	1,00	€
- 2 savons	2,20	€
Total :	**9,50**	**€**
Espèces :	10,00	€
Monnaie :	0,50	€

18.04.2014
Caisse n°4

Répondez aux questions.

1 Ce document est… *2 points*

- ❑ une publicité.
- ❑ un ticket de caisse.
- ❑ une liste de courses.

2 On a fait les courses quel mois ? *2 points*

En ……………………………………………

3 Les articles achetés sont pour… *2 points*

- ❑ le bureau.
- ❑ la chambre.
- ❑ la salle de bain.

EXERCICE 2

6 points

Lisez ce document.

Tu veux avoir des réponses à tes questions ?
Viens chez nous : ENFANTSPOLITIQUE, Rouen, 18 avril 2015

1. Ici, on peut apprendre des choses sur… *2 points*
   - ☐ la société.
   - ☐ l'économie.
   - ☐ la politique.

2. Les enfants peuvent… *2 points*
   - ☐ poser des questions.
   - ☐ simuler un parlement.
   - ☐ rencontrer un ministre.

3. Ça se passe le .... *2 points*

EXERCICE 3

6 points

Lisez ce document.

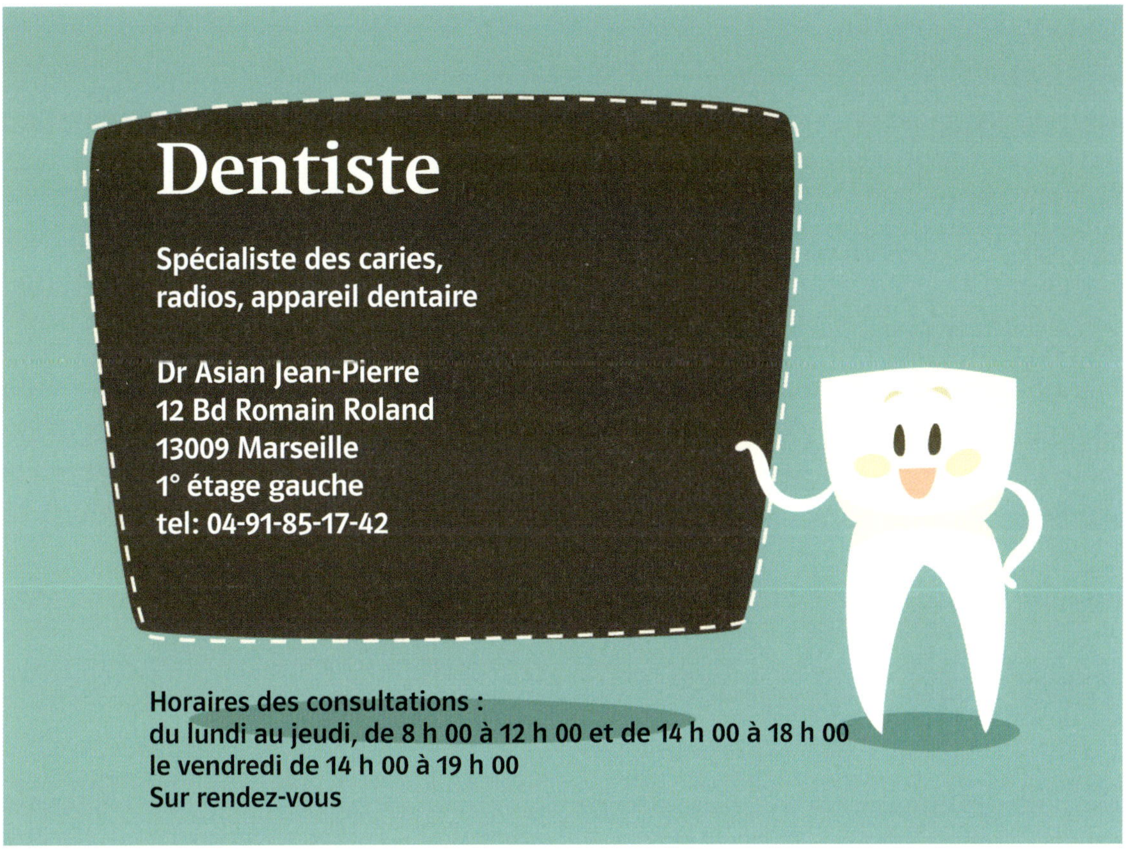

Répondez aux questions.

1. Dr Asian est docteur pour… *2 points*

   - ❑ le cœur.
   - ❑ les yeux.
   - ❑ les dents.

2. Où habite Dr Asian ? *2 points*

   ....

3. Quand sont les consultations le mercredi ? *2 points*

   ....

EXERCICE 4

7 points

Lisez ce message.

Nouveau Message

Fichier Édition Affichage Insertion Format Outils Message ?

Envoyer Enregistrer Imprimer Joindre Contacts

De : hotelfleuri@toulon.fr

Objet : réservation

Madame, Monsieur,

Vous avez demandé des informations sur notre hôtel:

- Nous sommes complets du 17 au 24 août.
- Nous avons encore deux chambres libres du 24 au 31 août.
- Une chambre pour deux personnes coûte 120€ par nuit avec le petit déjeuner compris.
- Le parking est gratuit.

Réservations :
Hôtel fleuri
13, rue des fleurs
13100 Aix-en-Provence

tel : 04.48.27.50.18
www.hotelfleuri.fr

Cordialement,

La direction

Répondez aux questions.

1. C'est un mail pour… *2 points*
   - ❑ réserver une chambre d'hôtel.
   - ❑ donner des informations sur un hôtel.
   - ❑ demander des informations sur un hôtel.

2. On peut réserver une chambre… *2 points*
   - ❑ du 10 au 17 août.
   - ❑ du 17 au 24 août.
   - ❑ du 24 au 31 août.

3. Pour réserver, on peut… *(3 réponses)* *3 points*
   - ❑ téléphoner.
   - ❑ envoyer un fax.
   - ❑ passer un SMS.
   - ❑ envoyer un mail.
   - ❑ écrire une lettre.

3 Production écrite

25 points

EXERCICE 1

10 points

1 point par réponse

Vous êtes en France et vous ne trouvez plus votre porte-monnaie. Vous allez au commissariat de police et devez remplir ce formulaire.

commissariat de police de Bordeaux

Nom : xxxx

Prénom : ....

Adresse : ....

Pays : ....

Date de naissance : ....

Numéro de téléphone : ....

Courriel : ....@..............................

Date du vol : ....

Lieu du vol : ....

Cartes dans le porte-monnaie : ....

Couleur du porte-monnaie : ....

EXERCICE 2

15 points

Vous écrivez un message sur le blog alamode.fr et vous décrivez votre look préféré (vêtement, couleur, accessoire préféré(e)).

40 à 50 mots

designer15

Ajouter un commentaire

4 Production orale

25 points

L'épreuve se déroule en trois parties : un entretien dirigé, un échange d'informations et un dialogue simulé (ou jeu de rôle).

Elle dure de 5 à 7 minutes.

Vous disposez de 10 minutes de préparation pour les parties 2 et 3 (échange d'informations et dialogue simulé).

1 ENTRETIEN DIRIGÉ – *1 minute environ*

Vous répondez aux questions de l'examinateur sur vous, votre famille, vos goûts ou vos activités (exemples : « Comment vous vous appelez ? », « Quelle est votre nationalité ? »…).

2 ÉCHANGE D'INFORMATIONS – AVEC PRÉPARATION – *2 minutes environ*

Vous posez des questions à l'examinateur avec les mots clés écrits sur les cartes.

Regarder ?	Voir ?	Content ?	Aimer ?
Gentil ?	Bête ?	Écouter ?	Triste ?
Sucré ?	Parfum ?	Sentir ?	Goûter ?

3 DIALOGUE SIMULÉ OU JEU DE RÔLE – AVEC PRÉPARATION – *2 minutes environ*

Vous tirez au sort 2 sujets et vous en choisissez 1.

Sujet 1 : À l'épicerie
Vous allez à l'épicerie du village. Vous êtes le/la client(e).
Vous vous informez sur le prix des produits que vous voulez acheter.
Vous demandez les quantités souhaitées. Pour payer, vous disposez de photos de pièces de monnaie et de billets.

Vous montrez que vous êtes capable de saluer et d'utiliser des formules de politessse.

Sujet 2 : Au marché
Au marché de Lille, on trouve beaucoup de choses. Vous êtes le/la client(e).
Vous vous informez sur le prix des produits que vous voulez acheter.
Vous demandez les quantités souhaitées. Pour payer, vous disposez de photos de pièces de monnaie et de billets.

Vous montrez que vous êtes capable de saluer et d'utiliser des formules de politesse.

DOCUMENT POUR LA 3e PARTIE DE L'ÉPREUVE

10 cents

10 cents

20 cents

20 cents

50 cents

50 cents

1 euro

1 euro

2 euros

2 euros

Bildquellenverzeichnis

9.1 Fotolia.com (Trueffelpix), New York; **9.2** Fotolia.com (Trueffelpix), New York; **9.3** Fotolia.com (Trueffelpix), New York; **9.4** Fotolia.com (Trueffelpix), New York; **11.1** Fotolia.com (Trueffelpix), New York; **11.2** Fotolia.com (Trueffelpix), New York; **13.1** Fotolia.com (JiSign), New York; **14.1** Fotolia.com (Trueffelpix), New York; **14.2** Fotolia.com (Trueffelpix), New York; **16.1** Fotolia.com (Trueffelpix), New York; **17.1** Thinkstock (johavel), München; **17.2** Thinkstock (Macrovector), München; **17.3** Thinkstock (Angela940), München; **17.4** Thinkstock (kowalska-art), München; **18.1** Thinkstock (FlairImages), München; **18.2** Thinkstock (PJPhoto69), München; **18.3** Thinkstock (BURNETTAD), München; **19.1** Fotolia.com (Robert Kneschke), New York; **19.2** Fotolia.com (Petro Feketa), New York; **19.3** Fotolia.com (vargabandi), New York; **19.4** Fotolia.com (2xSamara.com), New York; **19.5** Fotolia.com (Monkey Business), New York; **19.6** Fotolia.com (Monkey Business), New York; **21** Shutterstock (jbor), New York; **22** Thinkstock (Fathoni Adhi putranto), München; **23.1** Thinkstock (ericb007), München; **23.2** Shutterstock (olegtoka), New York; **23.3** Thinkstock (natianis), München; **23.4** Thinkstock (irska), München; **24** Wikimedia Commons (Aaa212); **27.1** Thinkstock (LiliGraphie), München; **27.2** Shutterstock (yuyangc), New York; **27.3** Shutterstock (Aleksandra Gigowska), New York; **27.4** Shutterstock (boivin nicolas), New York; **27.5** Thinkstock (andumetwo), München; **27.6** Shutterstock (Sinisa Botas), New York; **27.7** Thinkstock (aLittleSilhouetto), München; **27.8** Thinkstock (Lizalica), München; **27.9** Thinkstock (tonigenes), München; **27.10** Thinkstock (John_Kasawa), München; **27.11** Thinkstock (Laboko), München; **27.12** Thinkstock (Tsirosnik), München; **28.1** Fotolia.com (PackShot), New York; **28.2** Thinkstock (simonkr), München; **28.3** Thinkstock (Brightonikon), München; **28.4** Thinkstock (DragonImages), München; **28.5** Thinkstock (Highwaystarz-Photography), München; **28.6** Thinkstock (snowflock), München; **28.7** Thinkstock (genphoto_art), München; **28.8** Thinkstock (alfernec), München; **28.9** Thinkstock (roibu), München; **29.1** Thinkstock (leremy), München; **29.4** Thinkstock (JMLPYT), München; **29.5** Thinkstock (Kung_Mangkorn), München; **29.6** Fotolia.com (Alexi TAUZIN), New York; **31.1** Fotolia.com (grafikplusfoto), New York; **31.2** Fotolia.com (andreusK), New York; **31.3** Fotolia.com (Dasha Petrenko), New York; **31.4** Fotolia.com (PackShot), New York; **31.5** Fotolia.com (djama), New York; **31.6** Fotolia.com (Blue Moon), New York; **32.1** Shutterstock (ToskanaINC), New York; **32.2** Shutterstock (360b), New York; **33** Fotolia.com (Cristopher), New York; **34.1** Thinkstock (sam74100), München; **34.2** Thinkstock (Sergey Nivens), München; **34.3** Thinkstock (VitalyEdush), München; **35** Shutterstock (iravgustin), New York; **38.1** Thinkstock (DivVector), München; **38.2** Fotolia.com (Africa Studio), New York; **38.3** Shutterstock (FLariviere), New York; **38.4** Thinkstock (Branchegevara), München; **38.5** Shutterstock (BlueRingMedia), New York; **38.6** Shutterstock (Africa Studio), New York; **38.7** Thinkstock (I_AM_JASON), München; **38.8** Thinkstock (nikitinaolga), München; **38.9** Thinkstock (yands), München; **38.10** Shutterstock (HLPhoto), New York; **38.11** Wikimedia Commons (Simon A. Eugster); **38.12** Thinkstock (Issaurinko), München; **39.1** Thinkstock (Ingram Publishing), München; **39.2** Thinkstock (AlexKalina), München; **39.3** Thinkstock (IPGGutenbergUKLtd), München; **39.4** Thinkstock (Benis Arapovic), München; **39.5** Thinkstock (TwilightShow), München; **39.6** Thinkstock (FlairImages), München; **39.7** Thinkstock (monkeybusinessimages), München; **39.8** Thinkstock (shironosov), München; **40** Shutterstock (Nikiteev_Konstantin), New York; **42.1** Wikimedia Commons (Λίτσα Νατσιοπούλου (Lnatsiopoulou)); **42.2** Thinkstock (nPine), München; **42.3** Thinkstock (Comodo777), München; **42.4** Thinkstock (oguzaral), München; **43.1** Fotolia.com (lightpoet), New York; **43.2** Fotolia.com (Estudi M6), New York; **43.3** Fotolia.com (Pio Si), New York; **45.1** Thinkstock (Suze777), München; **45.2** Thinkstock (Ivary), München; **45.3** Thinkstock (AptitudeAgency), München; **46** Thinkstock (denis_pc), München; **47** Shutterstock (Lyudmyla Kharlamova), New York; **49.1** Thinkstock (monica-photo), München; **49.2** Thinkstock (Dimitri Zimmer), München; **49.3** Thinkstock (Korovin), München; **49.4** Thinkstock (sokarys), München; **49.5** Thinkstock (nito100), München; **49.6** Thinkstock (unalozmen), München; **49.7** Shutterstock (pking4th), New York; **50.1** Thinkstock (-ltz-), München; **50.6** Thinkstock (pilotpirx), München; **50.7** Thinkstock (pilotpirx), München; **50.8** Thinkstock (pilotpirx), München; **53.1** Fotolia.com (talitha), New York; **53.2** Thinkstock (FlairImages), München; **53.3** Thinkstock (NorthernStock), München; **53.4** Thinkstock (Gajus), München; **54** Shutterstock (Studio Barcelona), New York; **55.1** Fotolia.com (nerthuz), New York; **55.2** Fotolia.com (Kurt Kleemann), New York; **55.3** Fotolia.com (Jan Kranendonk), New York; **56.1** Fotolia.com (gstockstudio), New York; **56.2** Thinkstock (Samo Trebizan), München; **56.3** Thinkstock (Joranmandic), München; **57** Thinkstock (dapoomll), München; **60.1** Thinkstock (HitToon), München; **60.2** Shutterstock (CAMPINCOOL), New York; **60.3** Thinkstock (choka), München; **60.5** Thinkstock (jenpo5), München; **60.6** Thinkstock (owattaphotos), München; **60.7** Thinkstock (mastaka), München; **60.8** Thinkstock (moremarinka), München; **60.9** Thinkstock (verdateo), München; **60.10** Shutterstock (Doem), New York; **60.11** Thinkstock (Jason Ganser), München; **60.12** Thinkstock (Givaga), München; **61.1** Thinkstock (kpg999), München; **61.2** Thinkstock (macrovector), München; **61.3** Thinkstock (Robert Chruchill), München; **61.4** Thinkstock (Jon Feingersh), München; **61.5** Thinkstock (Highwaystarz-Photography), München; **61.6** Thinkstock (RonOmanJr), München; **61.7** Thinkstock (FlairImages), München; **61.8** Thinkstock (katkov), München; **62.1** Thinkstock (encrier), München; **62.2** Fotolia.com (LU0810), New York; **62.3** Thinkstock (IPGGutenbergUKLtd), München; **62.4** Shutterstock (Jose Ignacio Soto), New York; **62.5** Thinkstock (Mary Catherine Brinkworth), München; **62.6** Thinkstock (MK2014), München; **64.1** Thinkstock (fiphoto), München; **64.2** Thinkstock (goce), München; **64.3** Thinkstock (hershin), München; **66** Thinkstock (amisb), München; **67** Fotolia.com (creative4m), New York; **68** Thinkstock (robuart), München; **71.1** Shutterstock (Introwiz1), New York; **71.7** Thinkstock (aizram18), München; **71.7** Fotolia.com (Vasca), New York; **71.8** Thinkstock (CyberOnix), München; **71.8** Shutterstock (Rob Hainer), New York; **71.9** Thinkstock (unalozmen), München; **71.10** Thinkstock (anna1311), München; **71.11** Thinkstock (yumehana), München; **71.12** Thinkstock (Nataliia Pyzhova), München; **72.1** Thinkstock (Yakovliev), München; **72.2** Thinkstock (_human), München; **72.3** Thinkstock (Tomacco), München; **72.4** Thinkstock (curtoicurto), München; **72.5** Thinkstock (Ewgenija_s), München; **72.6** Thinkstock (elxeneize), München; **72.7** Thinkstock (gabriel__bostan), München; **72.8** Thinkstock (Garsya), München; **72.9** Shutterstock (Chones), New York; **73.1** Thinkstock (gece33), München; **73.2** Thinkstock (gece33), München; **73.3** Thinkstock (gece33), München; **73.4** Thinkstock (Toa55), München; **73.5** Thinkstock (singkamc), München; **73.6** Thinkstock (tunçsel ülkü), München; **75.1** Thinkstock (neodesignhouse), München; **75.2** Thinkstock (artisticco), München; **76** Thinkstock (boggy22), München; **77.1** Fotolia.com (alessia.malatini), New York; **77.2** Thinkstock (Wavebreakmedia Ltd), München; **77.3** Thinkstock (DragonImages), München; **77.4** Thinkstock (vvvita), München; **77.5** Thinkstock (PushishDonhongsa), München; **77.6** Thinkstock (cretolamna), München; **77.7** Thinkstock (Antonel), München; **77.8** Thinkstock (Marek Walica), München; **77.9** Thinkstock (anna liebiedieva), München; **82.1** Thinkstock (Leanne Mccament), München; **82.5** Thinkstock (dedMazay), München; **82.6** Thinkstock (ericb007), München; **82.7** Shutterstock (Emka74), New York; **82.8** Thinkstock (rolleiflextlr), München; **82.9** Shutterstock (luanateutzi), New York; **82.10** Thinkstock, München; **82.11** Thinkstock (antpkr), München; **82.12** Thinkstock (Cottonfioc), München; **83.1** Thinkstock (Flairimages), München; **83.2** Thinkstock (Boarding1Now), München; **83.3** Thinkstock (etemaks), München; **83.4** Thinkstock (robuart), München; **83.5** Thinkstock (pk74), München; **83.6** Thinkstock (RifKhas), München; **83.7** Shutterstock (Jovanovic Dejan), New York; **84** Thinkstock (LongQuattro), München; **86.1** Thinkstock (cnythzl), München; **86.2** Thinkstock (Vepar5), München; **86.3** Thinkstock (beltsazardaniel), München; **86.4** Thinkstock (Fabrice Michaudeau), München; **87.1** Fotolia.com (ufotopixl10), New York; **87.2** Fotolia.com (Brad Pict), New York; **88** Shutterstock (Luba V Nel), New York; **89** Thinkstock (PeterHermesFurian), München; **90** Thinkstock (Dynamic Graphics), München; **93.1** Thinkstock (wathanyu), München; **93.2** Shutterstock (Lucian Milasan), New York; **93.3** Klett-Archiv (Sylvie Cloeren), Stuttgart; **93.4** Thinkstock (diego cervo), München; **93.5** Thinkstock (GreenSeason), München; **93.6** mauritius images (Alamy), Mittenwald; **93.7** Thinkstock (scanrail), München; **93.8** Thinkstock (abidal), München; **93.9** Thinkstock (Photobuay), München; **93.10** Thinkstock (John_Kasawa), München; **93.11** Thinkstock (Kareivis), München; **93.12** Thinkstock (Oleksiy Mark), München; **94.1** Shutterstock (auremar), New York; **94.2** Thinkstock (likefree), München; **94.3** Shutterstock (Elenarts), New York; **95.1** Thinkstock (VvoeVale), Müncen; **95.2** Thinkstock (VvoeVale), München; **95.3** Thinkstock (VvoeVale), München; **96.1** Thinkstock (joostverbeek), München; **96.2** Fotolia.com (revleha), New York; **96.3** Thinkstock (Bernhard Richter), München; **96.4** Thinkstock (anyaberkut), München; **96.5** Thinkstock (Elenarts), München; **96.6** Thinkstock (Sergiy1975), München; **97.1** Fotolia.com (nickylarson974), New York; **97.2** Fotolia.com (nickylarson974), New York; **97.3** Fotolia.com (Atlantis), New York; **97.4** Fotolia.com (FM2), New York; **97.5** Fotolia.com (Onidji), New York; **98** Shutterstock (Lemon Tree Images), New York; **101** Fotolia.com (Anthonycz), New York; **104.1** Shutterstock (venimo), New York; **104.7** Thinkstock (Ilya_Starikov), München; **104.8** Thinkstock (monicaodo), München; **104.9** Thinkstock (nicomenijes), München; **104.10** Thinkstock (aleksbond), München; **104.11** Thinkstock (GeniusKp), München; **104.12** Thinkstock (abidal), München; **105.1** Fotolia.com (MINEO Carole), New York; **105.2** Fotolia.com (Phil81), New York; **105.3** Thinkstock (zorazhuang), München; **105.4** Thinkstock (imbre), München; **105.5** Thinkstock (EnginKorkmaz), München; **105.6** Thinkstock (Halli Verrinder), München; **107.1** Fotolia.com (Richard Villalon), New York; **107.2** Fotolia.com (mimon), New York; **107.3** Fotolia.com (NCAimages), New York; **107.4** Thinkstock (Boris Ryzhkov), München; **107.5** Thinkstock (maria_esau), München; **107.6** Thinkstock (unalozmen), München; **108.1** Thinkstock (YavorKalev), München; **108.2** Thinkstock (Luisa Venturoli), München; **108.3** Thinkstock (Kiril Stanchev), München; **108.4** Thinkstock (likovaka), München; **109** Shutterstock (NLshop), New York; **112** Fotolia.com (aleks49011), New York; **115.1** Shutterstock (Inna Astakhova), New York; **115.6** Shutterstock (h4nk), New York; **115.7** Wikimedia Commons (Frachet); **115.8** Shutterstock (Arthur R.), New York; **115.9** Thinkstock (Tuned_In), München; **115.10** Thinkstock (Infografick), München; **115.11** Thinkstock (4774344sean), München; **115.12** Shutterstock (Adriano Castelli), New York; **116.1** Thinkstock (4774344sean), München; **116.2** Thinkstock (Purestock), München; **116.3** Thinkstock (David De Lossy), München; **117.1** Fotolia.com (AcuaO), New York; **117.2** Thinkstock (Baluchis), München; **117.3** Fotolia.com (Jipé), New York; **120** Fotolia.com (Neyro), New York; **121** Shutterstock (grop), New York; **123** Wikimedia Commons (Dickelbers); **126.1** Thinkstock (Smile !!), München; **126.2** Thinkstock (philipimage), München; **126.3** Thinkstock (antpkr), München; **126.4** Thinkstock (vicuschka), München; **126.5** Thinkstock (OfirPeretz), München; **126.6** Thinkstock (Rrrainbow), München; **126.7** Thinkstock (Emya), München; **126.8** Shutterstock (catwalker), New York; **126.9** Thinkstock (BrianAJackson), München; **126.10** Thinkstock (deymos), München; **126.11** Thinkstock (firina), München; **126.12** Thinkstock (acceptfoto), München; **127.1** Fotolia.com (ProMotion), New York; **127.2** Fotolia.com (ProMotion), New York; **127.3** Fotolia.com (ProMotion), New York; **127.5** Fotolia.com (Taffi), New York; **127.6** Fotolia.com (ug), New York